# Winter in Sasbachwalden

Karin Jäckel
Herausgeberin

Verlag Edition Blaue Stunde
2021

**Deutschsprachige Erstausgabe Winter 2021**


Verlag Edition Blaue Stunde
Dr. Karin Jäckel
Hansjajkobstraße. 5, 77704 Oberkirch

Umschlagfoto: Kim Patricia Laubner
Satzarbeit: Stefanie Böhm, www.steff.biz
Herstellung: Achertäler Druckerei GmbH & Co. KG, Kappelrodeck

Preis: 19,80 Euro

ISBN: 978-3-948366-06-3

Karin Jäckel (Hrsg.)

# Winter in Sasbachwalden

Anthologie

Winter 2021

Edition Blaue Stunde

# Inhalt

*Zum Geleit*

**Sonja Schuchter**
Bürgermeisterin von Sasbachwalden

Liebe Leserinnen
und Leser,

ich freue mich, dass es uns mit der professionellen Unterstützung von Frau Dr. Karin Jäckel gelungen ist, ein bleibendes Werk zu kreieren, das im Lockdown der Corona-Pandemie entstand.

Corona brachte gerade im Winter 2020/2021 viele Aktivitäten zum Stillstand. Unsere Kinder waren und sind die Leidtragenden, da sie eigentlich mit Freunden beim Ski-Fahren und Spielen sein sollten. Dicke Schneedecken an unseren Hängen luden zwar dazu ein, Corona hatte allerdings die Skilifte „geschlossen".

Umso schöner war es, die Schneelandschaft zu Fuß, mit den Schneeschuhen oder mit dem Schlitten zu erkunden.

Mit einem Fotowettbewerb konnte ich die schönsten Momente des Winters in unserer herrlichen Berg-, Wald- und Reblandlandschaft von begeistert mitwirkenden Foto-Fans der Region festhalten lassen.

Noch schöner waren aber die Geschichten, die zu den prämierten Fotos von fantasiebegabten Kindern und Erwachsenen erlebt oder erfunden wurden. Einige davon sind in diesem Buch niedergeschrieben. Eine große Freude!

Viel Spaß beim Lesen!

Ihre Sonja Schachter

Schlittenkind im Buchwald am Brigittenschloss bei Sasbachwalden, Foto: Kim Patricia Laubner

## Auf der Suche nach der verlorenen Eisblume

*Kim Patricia Laubner und Dagmar Vogel*

Still war es in dem Haus am Rande des Waldes. Die einzigen Geräusche, die man ab und zu vernahm, wenn man genau lauschte, waren ein gleichmäßiges leises Ticken des Sekundenzeigers der Uhr auf dem Regal in der Küche und die Atemgeräusche der Hausbewohner, die im tiefen Schlaf lagen.
Es war ein kleines und altes Holzhaus mit einem Gemüsegarten und einer Wiese, auf der eine große Linde mit Noahs Baumhaus stand. Sein Papa hatte es für ihn gebaut. Eine Strickleiter führte hinauf. „Für Erwachsene verboten“ war auf einem Schild zu lesen. Sein Baumhaus war Noahs Lieblingsplatz.

Obwohl im Laufe der Jahre die rote Farbe des Außenanstrichs an dem kleinen alten Holzhaus abgeblättert war, der eine oder andere Dachziegel fehlte und manchmal die Eingangstür klemmte, wäre es dem achtjährigen Noah, seinen Eltern und Großeltern nie eingefallen, von dort wegzugehen und in einem moderneren Haus in der Stadt zu wohnen.

Vor einigen Tagen hatte der erste Schneefall eingesetzt. Seitdem lag alles unter einer dicken flauschigen Schicht verborgen.

Auch Noah lag unter einer dicken flauschigen Decke, seiner kuschelwarmen Bettdecke. Er schlief. Draußen funkelten die Schneekristalle im Mondlicht. Drinnen breiteten sich wunderschöne, zarte Eisblumen auf den Innenseiten der Fensterscheiben in Noahs Zimmer aus.

Plötzlich wachte Noah mit einem Niesen auf. „Hatschi" und noch einmal „Hatschi". Er setzte sich auf und schaute zum Fenster. Wie schön die Schneeflocken im silbernen Licht des Mondes tanzten. Und wie viele Eisblumen auf den Fensterscheiben gewachsen waren. Die wollte Noah gern von nah bewundern.

Eilig schob er seine Bettdecke beiseite, fuhr mit den Füßen in die Hausschuhe und stand auf.

Als er schon fast das Fenster erreicht hatte, hielten die Schneeflocken ganz plötzlich in ihrem lustigen Reigentanz inne. Als ob sie Noah entdeckt und sich vor ihm erschrocken hätten.

Verwundert trat Noah näher. Tatsächlich! Sobald er sich einen Schritt auf sie zu bewegte, wichen die

Schneeflocken zurück. In dem Moment, als er das Fenster erreichte, stoben die Flocken wie in Panik davon. Und nicht nur sie verschwanden. Die schönen Eisblumen an seinem Fenster folgten ihnen in einem wilden Wirbel hinterher.
Noah presste sein Gesicht an die kalte Scheibe und sah die Flocken mitsamt den Eisblumen in Richtung Wald und zwischen den Bäumen verschwinden. Sein Blick fiel auf die Linde im Garten. Direkt unter Noahs Baumhaus saß ein Hund.
„Seltsam", murmelte Noah, „woher kommt der denn?"
Der Hund war groß, fast so groß wie ein Bernhardiner. Solche Hunde kannte Noah aus einem Buch über Hunderassen, das ihm die Großeltern zum Geburtstag geschenkt hatten.
Noah rieb sich die Augen. Als er sie wieder öffnete, war der Hund weg. „Ich glaub', ich spinn", lachte Noah über sich selbst.
Einen kurzen Moment blieb er noch vor dem Fenster stehen, dann huschte er in sein Bett zurück. Kaum zog er seine Bettdecke bis zur Nasenspitze hoch, fielen ihm vor Müdigkeit die Augen zu und er schlief tief und fest ein.
Am nächsten Morgen weckte ihn der Duft von frischen Brötchen. Vergnügt sprang Noah aus dem Bett, als ihm der große Hund und der komische Traum von den Eisblumen einfielen. Schnell warf er einen Blick zum Fenster, stellte fest, dass die Eisblumen an ihrem Platz waren und draußen

kein Hund in Sicht und rannte zu seiner Familie in die Küche.
„Guten Morgen“, begrüßte der Opa ihn. „Na, du Langschläfer, hast du gesehen, wie viel Schnee gefallen ist? Ich habe dir deinen Schlitten aus dem Schuppen geholt, damit du nachher rodeln kannst.“
Noah grinste über das ganze Gesicht. „Super. Danke, Opa.“ Hastig aß er sein Frühstücksbrötchen und sprang dann auf. „Ich ziehe mich jetzt ganz schnell an, Opa.“
Später stand er mit seinem Großvater im Garten, die Hände in den Fäustlingen, einen roten Schal umgebunden und die Mütze tief über die Ohren gezogen. In den Taschen seines Anoraks steckte ein Butterbrot, das seine Mutter ihm mitgegeben hatte.
Aufgeregt hopste Noah von einem Bein auf das andere, während der Opa mit dem Schlitten aus dem Schuppen kam.
„Denke daran, nicht zu tief in den Wald zu gehen. Der Rodelberg ist nicht weit entfernt vom großen Waldweg“, ermahnte der Opa ihn. „Du weißt, der fängt beim kleinen Holzhäuschen an der Lichtung an, auf der rechten Seite. Und sei zuhause, bevor es dunkel wird!“
Noah versprach es ihm, nahm das Seil, an dem der Schlitten angebunden war, in die Hand und machte sich, zum Abschied winkend, auf den Weg. Nach wenigen Minuten hatte Noah den Waldrand und den Rodelhügel erreicht und hörte das Lachen und die Stimmen der anderen Kinder.

Seine Freunde warteten schon auf ihn. Immer wieder sausten sie abwechselnd den Hang hinunter oder zogen ihre Schlitten wieder herauf. Bei Anbruch der Dunkelheit liefen alle gemeinsam ein wenig durchgefroren, aber glücklich heim.
Beim Abendbrot konnte Noah gar nicht aufhören zu erzählen, wie viel Spaß sie zusammen gehabt hatten. Doch schließlich war Bettzeit. Satt und müde putzte er sich schnell die Zähne, gähnte ausgiebig und hopste in sein Bett.
Kurz vor dem Einschlafen fielen ihm nochmals der große Hund aus dem Garten und das komische Verschwinden der Schneeflocken und der Eisblumen ein.
„Eigentlich sollte ich wachbleiben und schauen, ob auch diese Nacht die Eisblumen verschwinden und der Hund wieder da draußen sitzt," murmelte er halblaut vor sich hin.
Schnell versteckte er ein Buch und seine Taschenlampe unter der Bettdecke. Wenn seine Mutter ihm Gute Nacht gesagt hatte, schaltete sie nämlich immer das Licht aus. Dann konnte er nur noch heimlich unter der Bettdecke lesen, damit sie nichts davon merkte. Kaum hatte Noah die Taschenlampe unters Kopfkissen geschoben, kam seine Mutter tatsächlich in sein Zimmer, um ihm einen Gutenachtkuss auf die Stirn zu geben. Als sie die Tür schon beinahe geschlossen hatte, drehte sie sich noch einmal um. Dabei schaute nur ihr Kopf zwischen Tür und Pfosten hindurch. Liebevoll wünschte sie Noah eine

gute Nacht, schaltete das Licht aus und schloss die Kinderzimmertür. Ruhe kehrte in das Häuschen am Waldesrand ein.
Eigentlich hätte Noah jetzt gerne geschlafen, aber die Neugierde hielt ihn wach. Gab's denn das, dass Schneeflocken und Eisblumen plötzlich verschwanden und stattdessen ein Hund im Garten auftauchte? Er musste wissen, ob er das alles bloß geträumt hatte. Mit der Taschenlampe unter der Bettdecke fing Noah an zu lesen. Zwischendurch spähte er immer mal wieder zum Fenster. Im Mondlicht sah er die Schneeflocken tanzen. Die Eisblumen waren, wo sie hingehörten.
Erst als Noah ein leises Geräusch hörte, schaute er auf die Uhr. Mitternacht. Es hörte sich fast wie im Sommer an, wenn die Hummeln um die Blüten flogen.
Beherzt setzte Noah sich im Bett auf. Ein silberner Schimmer war an seiner Fensterscheibe zu erkennen. Jetzt sah er auch, dass die Eisblumen am Glas verschwunden waren und mit den Schneeflocken wieder ihren nächtlichen Tanz aufführten.
Ganz langsam schlüpfte Noah in seine Hausschuhe und schob sich auf das Fenster zu. „Dasselbe Spiel wie in der vergangenen Nacht", dachte er. Die Eisblumen wichen vor ihm zurück. Und da! Auch der Hund war wieder da und saß an der gleichen Stelle unter dem Baumhaus.
„Ich muss herausfinden, was hier passiert", beschloss Noah. Vorsichtig ging er rückwärts zu seinem Bett zurück, zog sich Pullover und Hose an, schlüpfte in

die Socken und nahm seine Taschenlampe. Er öffnete behutsam die Tür, damit sie nicht so knarrte. Dann huschte er in den Flur, stieg in seine Winterstiefel und zog die dicke Jacke an, verstaute die Lampe, entriegelte die Eingangstür, schloss sie leise hinter sich zu und stand im Garten. Die Flocken wirbelten um ihn herum. Zwischen ihnen drehten sich die Eisblumen mit.

Noah sah in Richtung des Hundes. Dieser blickte zurück, stand auf, schüttelte sich und lief anschließend zur Gartenpforte. Die Schneeflocken folgten ihm und da! Da waren auch wieder die Eisblumen. Noah schnappte sich seinen Schlitten und folgte dieser merkwürdigen Karawane zum Wald.

Ein wenig unheimlich war ihm dabei zumute. Noch nie war er nachts allein aus dem Haus gegangen, geschweige denn, im Wald gewesen. Immer wieder durchbrachen ein Rascheln und Knacken die Stille. Unheimliche Schatten zuckten zwischen den Baumstämmen, wenn die Wolken kurz den blassen Mond freigaben.

Mehrmals blieb der Hund stehen. Jedes Mal schaute er sich um, so als wollte er sich vergewissern, dass Noah noch folgte.

Schneeflocken und Eisblumen tanzten um die Bäume, waren mal vor ihm, mal hinter Noah. „Ich habe keine Angst“, murmelte er vor sich hin. „Ich habe keine Angst.“ Fest umklammerte er seine Taschenlampe.

Unvermittelt stoppte die kleine Gemeinschaft. Noah schaute sich um. Sie waren an einer Burg angelangt.

Dasselbe silberne Leuchten wie er es von den Eisblumen her kannte, umgab sie. Soeben durchschritt der Hund das Burgtor. Neugierig lief Noah ihm nach.
Im Burghof konnte er leise Musik hören. Überall tanzten Schneeflocken und Eisblumen miteinander. „Seine“ Eisblumen aber waren in der Masse verschwunden.
Noah schaute sich genauer um. Dabei entdeckte er eine glitzernde Gestalt, die im Innern der Burg auf einer Art Thron saß. Der Hund hatte sich vor ihren Füßen niedergelegt und schien zu schlafen.
Noah traute sich ein wenig weiter vor. Plötzlich hörte er eine Stimme. „Tritt näher, Noah. Wir haben auf dich gewartet.“
Ihm blieb vor Staunen der Mund offen. Die Gestalt kannte seinen Namen? Tief holte er Luft und machte einen weiteren Schritt. Jetzt konnte er die Gestalt genauer sehen. Langes silbriges Haar, ein schönes, feines Antlitz, schneeweiße Kleidung, funkelnd wie aus Tausenden von Sternen. Noahs Herz klopfte wild vor Angst und Aufregung.
„Mein Name lautet Anela“, stellte sich die Gestalt vor. „Ich bin die Eisblumenkönigin. Meine Eisblumen und ich heißen dich hier auf unserer Burg willkommen.“
Noah verbeugte sich tief. Dies hatte er in einem Film gesehen und dachte sich, dass das vor einer Königin wohl richtig wäre.
Ein leises Lächeln überzog Anelas Gesicht. „Komm her, Noah. Setz dich an meine Seite.“ Sie zeigte auf

den Stuhl neben sich. Zaghaft näherte Noah sich, um sich dann schüchtern auf der Sitzfläche niederzulassen. „Noah, wir brauchen deine Hilfe."
Erwartungsvoll legte der Junge den Kopf schief und schaute die Eisblumenkönigin an. Der Hund zu ihren Füßen brummelte etwas, während seine dicke Fellrute und die Pfoten zuckten. Er schien einen aufregenden Traum zu haben.
„Noah", wiederholte Anela, „wir Eisblumen sind in Gefahr und du bist der Einzige, der uns helfen kann."
„Ich?", dachte er verwundert.
Als könnte die Eisblumenkönigin seine Gedanken lesen, begann sie zu erklären: „Seit Anbeginn der Zeit erscheinen wir Eisblumen immer im Winter. Zusammen mit den ersten Schneeflocken und der Kälte. So bald es draußen friert, können sich die Menschen an uns Eisblumen erfreuen. Aber in den vergangenen Wintern wurden wir immer weniger, denn keiner mochte uns mehr an den Fensterscheiben sehen."
Noah antwortete nicht. Aber er wusste, warum die meisten Leute lieber keine Eisblumen an den Fenstern wollten. Sie wollten es warm im Haus und dichteten die Fenster besser ab als früher. Das hatte ihm sein Großvater erklärt.
„Wir", sprach die Eisblumenkönigin traurig weiter, „wir Eisblumen können leider nur entstehen, wenn wir Glas und draußen eine bestimmte Temperatur haben. Und die muss unter Null Grad

Celsius sein, damit das Wasser aus der Luft auf der kalten Glasscheibe gefriert. Ein kleines Staubkorn oder eine Unebenheit auf der Scheibe hilft uns dann, aus Wassertröpfchen Eisblumen wachsen zu lassen."

„Aber, aber wie soll ich denn nun helfen?", stammelte Noah.

Anela sah ihn an. „Du musst wissen, dass vor vielen Jahrzehnten dein Großvater ebenfalls bei uns war. Für eine lange Zeit half er uns. Aber dann wurde er erwachsen und vergaß uns. So ist es leider schon immer gewesen. Wenn die Kinder der Menschen ein bestimmtes Alter erreichen, dann verlieren sie das Staunen über die Wunder der Natur. Und irgendwann vergessen sie, dass es diese Wunder gibt."

„Mein Großvater? Der kennt euch auch? Der hat euch geholfen?", erwiderte Noah verwirrt.

„Ja, und es ist nicht schwer." Die Eisblumenkönigin lächelte Noah an. „Du musst nur all deinen Freunden von uns und unserer Not erzählen. Gemeinsam könnt ihr dem Volk der Eisblumen jede Winternacht ein Zuhause geben." Anela beugte sich vor: „Lass es mich dir erklären."

Noah rutschte aufgeregt auf seinem Stuhl hin und her und sah sie an.

„In kalten Winternächten, wenn es draußen friert, stellt ihr eine Tasse mit heißem Wasser auf die Fensterbank und deckt sie mit einer dünnen Glasscheibe ab. Dann dauert es nicht lange und wir können

erscheinen. Wenn du und deine Freunde das jeden Abend machen, dann werden wir weiterhin bestehen können."
„O, das ist nicht schwer. Das werde ich gerne machen. Ich verspreche es!" Noah sprang auf.
Anela und auch der Hund erhoben sich. Sie kraulte ihm die Ohren. „Unser Freund hier wird dich sicher wieder nach Hause geleiten. Wir danken dir, Noah."
Am nächsten Morgen wurde Noah von einem dumpfen Klatschen an der Fensterscheibe geweckt. Sein Vater schmiss Schneebälle an sein Fenster. Verwundert blickte Noah sich um. Er war wirklich zu Hause. Hatte er alles nur geträumt? Gab es die Eisblumenkönigin und ihr Schloss? Oder gab es sie nicht? Und was war mit dem Hund?
„Noah, du Schlafmütze, komm und beeile dich. Wir wollen einen Schneemann bauen!", rief sein Vater im Garten.
Schnell zog Noah sich an und rannte hinaus. Sein Blick fiel auf die Linde, unter der in der vergangenen Nacht der Hund gesessen hatte. Er konnte aber keine Spuren entdecken. Der Schnee war nicht eingedrückt. Obwohl er den Boden genau musterte, erkannte Noah an keiner Stelle Abdrücke von großen Pfoten.
Zuletzt schaute er auf den Weg, der zum Wald führte. Dort sah er ihn sitzen. Der Hund war genauso groß, wie er in Noahs Erinnerung gewirkt hatte. Ihre Blicke trafen sich. Noah hob seinen Arm und winkte dem Hund zu.

„Ich werde mein Versprechen halten“, murmelte er. Feine Dampfwolken kräuselten sich in der klaren, kalten Winterluft, als er ausatmete.
Der Hund erhob sich, bellte einmal tief und verschwand lautlos zwischen den Bäumen.

„Sundowner“
Sonnenuntergang am Aussichtspunkt über dem Mummelseee,
Foto: Kim Patricia Laubner

## Viel, viel Schnee und ein brennender Himmel. Aus Anitas Corona-Tagebuch

*Brigitte Gutmann*

Ich heiße Anita und bin neun Jahre. Im August werd' ich 10. Und mein Bruder Sven ist im Januar sieben geworden. Klar, Corona nervt uns langsam arg, weil wir schon zum zweiten Mal Homeschooling machen. Und diesmal ist der Lockdown sogar noch länger als letztes Jahr im Frühling.
Meine Eltern haben ein Restaurant und sind oft schlechter Laune, weil sie es schon wieder schließen mussten. Seit November. Und sie haben wohl viele

Formulare und sowas auszufüllen. Und kriegen doch nicht gleich das versprochene Geld vom Staat. Sie sind richtig geladen deswegen. Mama weint manchmal und Papa schimpft.
Und wir Kinder? Wir fühlen uns oft traurig. Auch wegen Tante Elise, die ist 84 und im Seniorenheim. Sie hatte Corona und war so schrecklich lang allein in ihrem Zimmer. Die Arme. Gestorben ist sie, Gott sei Dank, nicht. Jetzt darf man sie wieder besuchen.
Übrigens kann man bei uns im Restaurant auch Essen bestellen, per Telefon oder übers Internet. „Dann kommt wenigstens etwas Geld rein!", sagt Mama und umarmt uns.
Wenn ich Zeit habe, helfe ich beim Kochen. Dieses Jahr hab' ich in der Küche viel dazu gelernt.
Papa hat den Gastraum letztes Jahr renoviert. Schön sieht der jetzt aus. Aber halt doch ein bisschen komisch, so leer, so ohne Gäste.
Was Sven und ich toll finden: Papa und Mama haben uns ein Tablet gekauft, obwohl sie jetzt so wenig Geld haben. Da macht das Lernen richtig Spaß. Unsere Lehrer haben uns die AntonApp eingerichtet. Mein Bruder übt damit lesen. Und ich löse damit Mathe-Aufgaben. Zum Beispiel. Und wenn wir gut sind, bekommen wir Sterne oder Münzen. Oder Pokale. Und können mit denen auch Spiele machen.
Schule: Die läuft halt seit Corona total anders als sonst. Neben Homeschooling ab und zu wieder „Präsenzunterricht" oder irgendwann „Wechselunterricht" - lauter neue Wörter.

Sven hat sogar am Anfang, als er gerade in der ersten Klasse war, wieder für 14 Tage zu Hause bleiben müssen. In Quarantäne. Wieder ein neues seltsames Wort. Ein Klassenkamerad hat Corona gehabt. Sven hatte sich so auf die Schule gefreut! Dann hat er halt Arbeitsblätter bekommen und mit Mama gelernt. Und jeden Tag hat er Mäxle, unseren jungen Schäferhund, Gassi geführt.
Die Fasnet fällt ja auch aus dieses Jahr. Also haben wir uns halt daheim verkleidet. Zu Sven kam sein neuer Freund Leonidas. Bei dem sind noch vier Geschwister zu Hause und manchmal gibt`s Streit, erzählt er. Kann ich verstehen. Seine Eltern haben ein griechisches Restaurant.
Mich besuchen öfter meine Freundinnen Anna Lena oder Fatma. Fatma kommt ursprünglich aus Syrien. Ich kenn' sie vom Kindergarten. Wir spielen dann Verstecken, im ganzen Restaurant. Oder wir gehen alle raus auf die Straße und spielen draußen mit unseren Nachbarkindern. Das macht auch Spaß.
Sogar die Geburtstagsparty für Sven hat ausfallen müssen. Schade. Holt er halt nach im Sommer, in unserem Garten. Aber es gab ein super Geschenk für ihn, eigentlich für alle Kinder in unserer Nachbarschaft: Dieses Jahr war nämlich im Januar und Februar der beste Winter überhaupt! Seit ewigen Zeiten. Es war wochenlang ziemlich kalt. Und schneite und schneite.
Dank Corona haben unsere Eltern viel mehr Zeit für uns als sonst. Also Papa baute mit uns einen riesigen

Schneemann. Mit dem alten Reisigbesen, der dicksten Gelberübe aus Mamas Küche, einem Suppentopf für den Kopf und schwarzen Knöpfen aus Koks. Oma und Opa feuern manchmal damit.
Wir haben mal wieder richtige Schneeballschlachten gemacht. Und unsere Schlitten aus dem Keller geholt. Bei uns in Sasbachwalden ist es nämlich ziemlich hügelig. Zehn Minuten von unserem Restaurant, wo wir ja auch wohnen, gibt's einen super Schlittenhang. Da haben wir dann ohne jede Maske unsere Klassenkameradinnen und Kameraden getroffen beim Runtersausen. Und Raufschieben.
Das war echt toll. Wir haben gejohlt und uns in den dicksten Schnee fallen lassen. Totes Männle gemacht, wie im Schwimmbad. Alle Viere von uns gestreckt. Und ihr hättet mal unseren Hund Mäxle sehen sollen! Hang rauf, Hang runter und dazu sein Schwanzgewedel. Haben wir gelacht!
Leider wurde es wieder wärmer. O je, wird der Schnee nun wegschmelzen?
Der Himmel wurde ganz gelb. Unheimlich! Und diesig war`s. Die Luft staubig und die Sonne blasser als sonst. „Das ist Sahara-Sand!", sagte Mama.
„Was is'n des für Sand?", wollte Sven wissen.
Ich hab' versucht, es ihm zu erklären. „Also, Sven, die Sahara ist eine riesige Wüste. Sie liegt in Afrika. Ich glaub', im Norden von Afrika."
„Was, von so weit kommt der Sand zu uns?"
Ich hab' ein bisschen Bescheid gewusst, weil ich eine Sendung bei „odysso" gesehen hab'. Das ist ein

Fernsehmagazin und läuft jede Woche im SWR. Da kann man viel Wissen entdecken und Neuigkeiten erfahren. Deshalb hab ich schnell erklärt: „Dort, in Afrika, gibt's oft schreckliche Sandstürme."
„Hui!", machte Sven.
„Ja. Und mit Südwind kommt dann der Wüstensand bis zu uns."
Da kam Papa rein. „Und wenn dann noch Regen auf unser Auto fällt, dann is des ne ganz große Sauerei!"
Es regnete aber nicht. Sondern schneite bald wieder. Wir freuten uns.
Am „Schmutzige Dunnschtig" wie man bei uns in Sasbachwalden auf Badisch zum Fastnachtsdonnerstag sagt, backte Mama Fasnetsküchle und wir alle zusammen Pizza. Lecker. Und wie.
Weil wir wegen Corona immer noch keine Gäste haben dürfen, haben wir das Restaurant nur für uns mit Luftschlangen und Luftballons geschmückt. Wir haben auch ulkige Tiere gemalt, Tiere, die verkleidet waren. Trotzdem hatten wir Langeweile. Weil es ja die ganze Zeit keinen Fastnachtsumzug gibt.
Danach haben Papa und Mama plötzlich gesagt: „Heut' Nachmittag machen wir mal einen kleinen Ausflug. Wir fahren zum Mummelsee und laufen ein Stück Richtung Hornisgrinde hoch, ok?"
„Ja, prima."
„Hoffentlich sperren sie nicht die Schwarzwaldhochstraße wegen Überfüllung!" Papa meinte es im Spaß. Doch der Andrang war wahnsinnig! Die Leute kamen von überall her.

„Die Schwobe natürlich!“ schimpfte Papa auf die Schwaben.
„Aus Karlsruh, aus Mannem, aus Heidelberg“, stellte Mama fest. „Als ob's da keinen Schnee gäb'!“
Und wir Kinder haben uns die Autokennzeichen auf den PKW-Schildern vorgelesen.
Mit Müh und Not haben wir einen Parkplatz gefunden. Stoßstange an Stoßstange.
Glücklicherweise hatten w i r unseren Schlitten zu Hause gelassen. Abstand halten, das war bei den vielen Schneetouristen echt schwierig. Wir waren jetzt zwar in der frischen Luft, trotzdem steckten wir die Masken ein. Überall Schneehungrige. Viele Familien, den Schlitten im Schlepptau.
Links vom Mummelsee-Hotel stapften wir die Straße zur Hornisgrinde hoch. Mit hohen Stiefeln. Endlich gab's weniger Leute. Endlich trauten wir uns, die blöden Masken abzunehmen.
Bald dämmerte es auch schon. Im Winter wird's ja früh dunkel. Wir hatten unsere Taschenlampen dabei. Die tiefverschneiten Tannen sahen so seltsam aus, wie vermummte Menschen. Wie Yetis, hat Sven gesagt. Wie Geister.
Und langsam ging der rote Sonnenball unter. So einen irren Sonnenuntergang mit so tollen Farben hab' ich noch nie gesehen! Am Horizont war's Schwefelgelb. Nur ganz wenig Hellblau dazwischen. Darüber meine Lieblingsfarbe Orange. Und Streifen von Dunkelrot. Weiter oben schon die schwarze Nacht. Unter uns, dem Tal zu, der langsam dunkler werdende Schnee.

„Des isch wohnsinnig schön“, sagte Mama und fotografierte ständig mit ihrem Smartphone. Sven rief begeistert: „Toll!“ Und ich meinte leise: „Der Himmel brennt.“
Papa schaute mich und den Himmel an und lächelte. Wir standen an einem Aussichtspunkt. Ich fühlte mich wie im Naturkino. Um uns waren jetzt doch ein paar Leute, aber alle im guten Abstand. Ich blickte ein bisschen neugierig rum. Einige Pärchen umarmten sich. Die fanden den brennenden Himmel wohl sehr romantisch.
„Jetzt hat sich der Ausflug doch gelohnt, was, Kinder? Was, Helga?“, fragte Papa.
Mama nickte nur und hängte sich bei unserem Papa ein. Als wir ihre Fotos anschauten, sahen die Personen vor dem rotschwarzen Himmel wie Scherenschnitte aus.
Später stapften wir zurück. Jetzt mit Taschenlampen. Langsam erlosch der Sonnenuntergang. Unten am Parkplatz waren schon viele Menschen abgefahren. Trotzdem standen wir noch lange im Stau, bis wir wieder zu Hause waren. Aber es war richtig gemütlich im Auto und schön, in der Nacht durch die Natur zu fahren.
„Gott sei Dank haben sie die Ausgangssperre wieder aufgehoben!“, meinte Papa.
Alle dachten wir noch lange an das Schauspiel am Himmel zurück.
Wir Kinder waren müd' und glücklich. Und ich wusste genau: Diesen Schneewinter 2021 werd' ich

nicht vergessen. Und der Sonnenuntergang beim Mummelsee, das war ein Höhepunkt!

Eis auf dem Mummelsee, Foto: Yannick Kohler

## Im Winterzauberland am Mummelsee

*Ursula Haß*

Jutta und Merle sind beste Freundinnen. Fast täglich sind sie mit ihren Schlittschuhen auf dem endlich wieder einmal fest zugefrorenen Mummelsee, mitten im Wald, anzutreffen. Vergnügt drehen sie ihre Runden und Pirouetten auf dem Eis, über dem Schnee wie Zuckerguss liegt.

Schräg gegenüber dem Hotel am Mummelsee gibt es ein paar Buden und von dort strömt ein wunderbarer Duft von gebrannten Mandeln und Bratwürsten herüber. Jutta und Merle haben sich eine Tüte Mandeln gekauft und naschen gemeinsam von den mit karamellisiertem Zucker überzogenen Kernen, während sie über das Eis gleiten. Schon seit ein paar Tagen sehen sie immer wieder einen Jungen mit rabenschwarzem Haar am vereisten Ufer des Mummelsees stehen. Aus einem schmalen Gesicht blicken dann zwei dunkle Augen direkt zu den Mädchen hinüber.

„Kennst du den Jungen?“, fragt Merle ihre Freundin Jutta, die kaum merklich nickt und gleichzeitig den Kopf schüttelt. „Ja, das heißt nein, ich kenne ihn nicht, aber ich glaube, er ist in unserer Parallelklasse bei Philipp und seinen Freunden. Ich meine, er kommt aus Syrien.“

Die letzten Mandeln sind aufgegessen und mit großem Schwung halten die beiden Mädchen direkt bei dem fremden Jungen, der erschrocken zusammenzuckt, denn im Eis vor ihm hat es mächtig gekracht. Merle fragt ihn gleich, ob er auch Schlittschuhfahren mag. Er nickt nur mit dem Kopf, gesprochen hat er kein Wort.

Von ihren Spielplatzfreunden Oskar und Philipp erfahren sie am anderen Tag in der Schule, dass der schweigsame Junge Raghed heißt. Er kann noch nicht so gut Deutsch. Aber er ist nett und alle mögen ihn gut leiden. Oskar weiß, dass Raghed oft am

Mummelsee ist, weil seine Mutter in der Küche des Hotels am Mummelsee arbeitet und ihn dorthin mitnimmt. Manchmal steht er dann eine Weile am See und beobachtet mit seinen immer ein wenig traurig wirkenden Augen, wie die anderen Kinder und auch Erwachsene mit ihren Schlittschuhen vergnügt über das Eis flitzen.

„Ich glaube, er hätte auch gerne so ein paar Schlittschuhe“, sagt Jutta ein paar Tage später leise zu Merle, als sie Raghed wieder auf seinem Beobachtungposten stehen sehen.

„Wir könnten ihm ja ein paar gebrauchte Schlittschuhe aus dem Second-hand-Laden schenken?“, erwidert Merle, die sehr sozial veranlagt ist.

Eine Weile überlegen sie. Aber so viel Taschengeld haben die Mädchen nicht.

Merle schlägt Jutta vor, dass sie Plätzchen backen und diese daheim in Sasbachwalden auf dem Weihnachtsmarkt verkaufen könnten. Doch auch dafür reicht ihr Taschengeld nicht. Die Zutaten für Plätzchen sind teuer, vor allem, wenn man so viele backen muss, dass sich der Verkauf lohnt.

Ihre Eltern wollen die beiden aber nicht fragen, denn die haben andere Sorgen. Juttas Mutter arbeitet kurz und die Eltern von Merle sind auf der Suche nach einer größeren Wohnung.

„Es wird uns schon noch was einfallen, damit der Junge zu seinen Schlittschuhen kommt“, meint Jutta schließlich, die schon immer sehr praktisch veranlagt ist.

Gleich darauf fahren sie wieder mit viel Schwung über das Eis und landen nahe bei dem neuen Mitschüler aus der Parallelklasse. „Hallo, Raghed!“, rufen sie ihm zu.
Als Raghed seinen Namen hört, blickt er die beiden Mädchen fragend an.
„Willst du auch mal mit solchen Schlittschuhen fahren?“, deutet Jutta mit dem Finger auf ihre Schlittschuhe. Mit leuchtenden Augen nickt er, aber dann blickt er wieder traurig zu Boden, schüttelt den Kopf und geht schnell vom Eis. Die beiden Mädchen sehen ihm enttäuscht nach, doch sie können sich schon denken, dass er und seine Eltern kein Geld für Schlittschuhe haben.
Gerade, als sie den zugefrorenen See verlassen wollen, sehen sie Tomatenpaule mit seiner dicken Narbe im Gesicht. Der raffinierte Gauner ist den Mädchen noch vom Diebstahl des mexikanischen Tomatenbaums in ihrer Schule her bekannt. Bei ihm steht noch ein anderer Mann.
„Was haben denn die beiden vor? Komm, wir schleichen uns mal an sie heran und hören, was sie sagen!“, meint Jutta. In der Schule weiß jeder, dass Jutta und Merle gerne Detektiv spielen.
Einen Moment später sehen die Freundinnen auch schon, wie Tomatenpaule mit seinem langen, spitzen Zeigefinger direkt auf die Bratwurstbude von Krämer Walter deutet.
Die Mädchen spitzen die Ohren. Zum Glück hat Tomatenpaule die Lauscherinnen nicht bemerkt.

„Da könnten wir uns was holen!“, hören sie Tomatenpaule dem anderen Mann zuraunen. „Heute, kurz bevor sie zumachen. Du redest mit Krämer Walter und ich schnappe mir die Kasse, die ist sicherlich voll mit Geld.“
Jutta und Merle blicken sich nur an und schon sind sie sich einig, da müssen sie eingreifen. Schnell legen sie ihre Schlittschuhe ab und marschieren schnurstracks zu Krämer Walter und erzählen ihm alles, was sie gehört haben.
„Wenn das stimmt, kriegt ihr eine Belohnung!“, verspricht er den Mädchen.
„Diese Belohnung soll aber an unseren Freund Raghed gehen, der sich sehnlichst Schlittschuhe wünscht und dann mit uns zusammen Pirouetten auf dem Mummelsee-Eis drehen kann“, erwidern Merle und Jutta und lächeln dabei ganz verschmitzt, denn alles soll ja noch geheim bleiben. Krämer Walter verspricht auch das den beiden Mädchen.
Zwei Tage später lesen die Freundinnen in der Zeitung, dass Tomatenpaule mit seinem Freund Langer Finger verhaftet wurde, weil die beiden auf frischer Tat erwischt wurden, wie sie Krämer Walter die voll mit Geld gefüllte Kassette in der Bratwurstbude stehlen wollten. Jutta und Merle freuen sich, denn erstens sind die zwei Gauner mal wieder geschnappt, zweitens wurde Krämer Walter nicht beraubt und drittens kann nun ihr Wunsch für Raghed in Erfüllung gehen.

Am Weihnachtsschulfest ist es endlich so weit. Es ist eine tolle Überraschung, als plötzlich Krämer Walter in der Aula auftaucht, mit einem großen Paket in der Hand. Alle Kinder drängeln sich neugierig um ihn herum, weil sie wissen wollen, was denn in diesem großen Paket verborgen ist.
Doch Krämer Walter verrät nichts. Er lüftet nur das Geheimnis, wie Merle und Jutta ihn vor den beiden Dieben Tomatenpaule und Langer Finger gerettet haben. Während alle Kinder pfeifen und applaudieren, um Jutta und Merle für ihren Mut zu feiern, überreicht Krämer Walter den beiden Detektivinnen ganz besonders langsam und würdevoll das Riesenpaket.
„Macht es jetzt endlich auf!“, rufen ein paar Schüler laut, denn die Neugierde ist doch zu groß.
Jutta und Merle müssen lachen. Sie wissen ja schon längst, was in dem in Weihnachtspapier verpackten Karton steckt. Doch sie wollen den schönen Augenblick noch eine Weile auskosten und ihre Schulkameraden zappeln lassen. Deshalb schnüren sie das Paket vorsichtig und im Schneckentempo auf.
Als das Weihnachtspapier zu Boden fällt, wird endlich das Geheimnis offenbar. Heraus aus der Kiste purzeln zwei nagelneue Schlittschuhe.
„Ihr habt doch schon Schlittschuhe!“, rufen alle Kinder durcheinander.
„Die sind auch nicht für uns, sondern für unseren Freund Raghed.“ Mit diesen Worten eilen die beiden Freundinnen zu ihm hin und würden ihm am

liebsten auch gleich die nagelneuen Schlittschuhe anziehen. Doch das macht Raghed lieber selbst. Die Schlittschuhe passen dem Jungen mit dem rabenschwarzen Haar wunderbar.
Leider kann er sie im Schulhof nicht ausprobieren. Dort gibt es ja keine Eisbahn.
Stattdessen beschließen alle Schülerinnen und Schüler, zusammen mit ihren Eltern und der Lehrerschaft zum Mummelsee zu fahren. Alle wollen mitmachen und dabei sein, wenn Raghed zum ersten Mal seine neuen Schlittschuhe ausprobiert und zusammen mit Merle und Jutta über das Eis flitzt.
Krämer Walter hat sogar noch eine weitere Überraschung parat, denn er lädt alle ein zu Bratwurst und Kinderpunsch.
Und so wird schon am Nachmittag nach dem Schulunterricht der Mummelsee in Beschlag genommen. Rundherum rauschen die Tannen, die wie mit Zuckerguss aus Schnee überzogen sind. Jutta und Merle nehmen ihren Freund Raghed in die Mitte und drehen mit ihm die erste Runde, nein, mehrere, auf dem dicken Eis.
Übermütig wirbeln sie im Kreis herum. Der feine Schnee auf dem Eis stiebt unter den Schlittschuhkufen. Und auf einmal passiert es, ihre Schlittschuhe verkanten sich und die drei purzeln übereinander. Aber das beeinträchtigt ihre Freude nicht und sie lachen und strahlen mit den Lichtern vor dem Hotel, mit ihren Eltern und den Besuchern um die Wette.

Und wenn das Eis vom Mummelsee nicht so dick gewesen wäre, dann hätte man darunter vielleicht auch die Nixen vom Mummelsee lachen hören.

Mias Schneekatze, Foto: Marina Schell

## Mias Schneeabenteuer

*Mia Schell und Sigrid Schmelzle*

Es war einmal ein kleines Mädchen Namens Mia. Mia liebte es sehr, ihre Großeltern in Sasbachwalden in deren Gehöft Schlosshof auf der Brandmatt zu besuchen. Der Schlosshof ist ein wunderschöner Bauernhof unterhalb des Brigittenschlosses. Er wurde

im 17. Jahrhundert erbaut. Besonders im Winter ist die Landschaft immer wie verzaubert und fantasievoll. Mia freut sich dann über die fallenden Schneeflocken, fängt sie mit ihrer Zunge ein und lässt die weißen Sternchen im Mund zergehen.
An einem besonderen Tag, nachdem es in der vorherigen Nacht sehr viel geschneit und Mia bei Oma übernachtet hatte, schaute sie aus dem Küchenfenster. Dort beobachtete sie die Vögel, die im Vogelhäuschen die Körner aufpickten. Auch die schönen langen Eiszapfen waren beim Blick aus dem Fenster nicht zu übersehen.
Plötzlich fuhr der Schneeräumdienst der Gemeinde Sasbachwalden vorbei und schob eine sehr große Menge Schnee von der Straße. An einer Stelle kam besonders viel Schnee zusammen, sodass zahlreiche dicke Schneeberge entstanden waren.
Mia liebte diese Schneeberge. Jubelnd sprang sie darauf herum und ließ gerne ihrer Fantasie freien Lauf. Manchmal lutschte sie an Eiszapfen, spielte Prinzessin im Schneeschloss oder rodelte.
„Oma, ich möchte mit dir raus in den Schnee. Wollen wir einen Schneehasen bauen?“, fragte sie an diesem Morgen.
„Wieso einen Schneehasen?“, fragte die Oma und Mia antwortete: „Wir haben schon so oft einen Schneemann gebaut. Ein Schneehase, das wäre mal was Besonderes.“
Die Beiden gingen zusammen in den tiefen Schnee hinaus. Zunächst holten sie Schaufeln, Eimer, eine

Kelle, getrocknete Lavendelhalme und Asche. Nun ging es los, den Schnee zu großen Kugeln zu rollen, diese aufzusetzen und zu formen. Danach wurde alles schön glattgestrichen. Anschließend zeichnete Mia mit Oma das Gesicht und bemalte den Körper des Schneetieres mit Asche. Zuletzt steckte Mia die getrockneten Lavendelhalme als Barthaare in den Schnee.
Das Tier sah mehr einer Katze ähnlich als einem Hasen. Mia freute sich trotzdem über das entstandene Schneetier und rief: „Dann ist es eben eine Schneekatze. Ich baue mir noch ein schickes Schneeschloss. Aber zuvor mache ich erst mal eine Pause mit einer leckeren Abkühlung.“ Schnell brach Mia ein paar lange Eiszapfen vom Scheunendach.
Weil sie vom Bauen der Schneekatze müde geworden war, legte sie sich in ihrer dicken, warmen Winterkleidung mitsamt den Eiszapfen zu ihrer Eiskatze in den Schnee und begann, an den Spitzen der Eiszapfen zu lutschen.
Doch was war das? Der Eiszapfen verwandelte sich plötzlich in einen Zauberstab, der wundervoll glitzerte und funkelte. Es wurde leuchtend hell um Mia und „Schwuppdiwupp!“ wurde sie in eine Prinzessin verzaubert.
Prinzessin Mia machte sich gleich auf dem Weg zum Brigittenschloss, um den Schatz, der dort verborgen war, mit Hilfe des Zauberstabes zu suchen. Sie brauchte nur ein Zauberwort zu sprechen, schon ließ der Zauberstab sie mit ihrem wunderschönen

rosa Kleid und rosaroten Schuhen über den tiefen Schnee durch Opas Wald schweben.
Sie kam an die Stelle, an der Opa viele Bäume gefällt und das Holz wie zwei Mauern aufgesetzt hatte. Unheimlich war es dort. Der Wind pfiff, Nebel zog auf und die hohen Buchen schaukelten kräftig im Wind. Gruselige Geräusche waren zu hören. Es knarzte und knackte, ächzte und krächzte. Schlagartig flog hinter der Holzmauer ein Rabenschwarm hervor und über Mia hinweg. Erschrocken duckte sich Mia und war erleichtert, dass es nur Vögel waren.
Auf dem weiteren Weg zum Brigittenschloss lagen riesige schneebedeckte Felsbrocken, die wie viele große und kleine Wichtel aussahen. Ein Glück, dass der Zauberstab die kleine Prinzessin Mia immer noch schweben ließ.
Bald zogen jedoch graue Schneewolken über den Bäumen auf und im Wald wurde es düster. Prinzessin Mia fürchtete sich.
Plötzlich sah sie eine dunkel gekleidete Hexe mit einem großen Raben auf der Schulter. Die Hexe kam soeben von den Treppen des Brigittenschlosses herunter. Auch sie erblickte die schöne Prinzessin Mia sofort und fragte: „Was suchst Du hier so allein im Wald?“
Mia hatte Angst, sodass sie kein Wort herausbrachte.
Die Hexe keifte: „Du willst bestimmt den Brigittenschlossschatz klauen. Der gehört aber mir. Alle, die meinen Schatz stehlen wollten, habe ich in Felsbrocken verhext. Deshalb gibt es hier sehr viele Felsbrocken. Und das passiert mit dir gleich auch.“

Doch Mia, die Prinzessin, war schneller. Ehe die Hexe ihren Zauberspruch sagen konnte, hob Mia blitzschnell ihren Zauberstab, direkt vor das Gesicht der Hexe. Der Zauberstab funkelte, glitzerte und leuchtete grell, sodass sich die Hexe wie ein Wirbelwind in der Luft auflöste und mit dem Raben auf ihrer Schulter zu Staub wurde.
Die Prinzessin nahm ihren Zauberstab, klopfte an das alte, vermooste Gemäuer des Brigittenschlosses und auf einmal öffnete sich ein Spalt in der Ruine. Mia ging vorsichtig hinein. In einer Ecke sah sie eine alte Truhe. Gespannt öffnete sie den Truhendeckel. Sogleich sah sie viele funkelnde, glitzernde Diamanten, wertvollen Goldschmuck, viele Goldmünzen und eine Krone. Mia staunte und setzte die Krone auf, die ihr genau passte.
„Mein allergrößter Wunsch wäre jetzt noch, dass ich für die Goldstücke das Brigittenschloss wieder als heiles Schloss aufbauen lassen könnte", dachte sie und auf einmal funkelte und glitzerte der Zauberstab nochmals und „Schwuppdiwupp!" war die Ruine ein wunderschönes Schloss geworden. Es erstrahlte in der Sonne, denn die dicken grauen Schneewolken waren abgezogen.
„O, ist das traumhaft schön!" Mia war überglücklich, ein eigenes Schloss und einen kostbaren Schatz zu besitzen.
Im Innenhof des Schlosses warteten schon Mias Freundinnen, um mit ihr ein großes Fest zu feiern, denn Corona war vorbei und niemand musste Masken tragen und Abstand halten.

Es gab viele leckere Süßigkeiten, bunte Luftballons und eine Menge Spielsachen in allen Formen und Farben. Aber das Beste von allem war das große Karussell mit verschiedenen Schneetieren, sogar ein Schneehase war dabei. Die Decke des Karussells war mit vielen glitzernden Eiszapfen bestückt. Es sah aus wie ein herrliches Kindereisschloss. Alle Freundinnen Prinzessin Mias tanzten, spielten, sangen Winterlieder und trugen die schönsten Kleider.
Von weitem hörte man die Trachtenkapelle aus Sasbachwalden, die das Blumendorflied spielte. Jetzt kamen auch alle Einwohner Sasbachwaldens und viele Gäste, die den Musikern zum Brigittenschloss folgten, um mit Prinzessin Mia und ihren Freundinnen die Einweihung des wiedererrichteten Schlosses zu feiern. Die überglückliche Prinzessin Mia war die Schlossherrin. Mit ihrem Zauberstab zauberte sie ein Festmahl im Schloss und bedankte sich bei allen Gästen für ihr Kommen.
So wurde Sasbachwalden durch das neue Brigittenschloss und seine wunderbare Schlossherrin, Prinzessin Mia, weltberühmt und alle Sasbachwaldener lebten sehr glücklich bis an ihr Lebensende.

Anmerkung:

Diese Geschichte wurde von der siebenjährigen Mia Schell erzählt und von ihrer Oma Sigrid Schmelzle aufgeschrieben.

Feli im Schnee, Foto: Linus Decker

**Mala, der Lockenwolf**

*Bettina Mutschler*

Draußen tanzen kleine weiße Flocken vom Himmel. Hui, das ist lustig! Wenn ich sie mit meiner Pfote fange, sind sie gleich weg. Erst, wenn es ganz viele sind, bleibt eine dichte weiße Schicht liegen. Die Menschen nennen das Schnee.
In meinem Maul verläuft der Schnee wie Eis. Weißt du, wie Schnee schmeckt? Wenn die kleinen weißen Eiskunstwerke das nächste Mal vom Himmel hinunterrieseln, muss du das unbedingt testen.

Hallo, darf ich mich vorstellen? Ich heiße Mala und bin sechs Jahre alt. Meine Mama ist ein Labrador Retriever und mein Papa ist ein Pudel. Die Menschen sagen, ich sei ein Labradoodle. Komischer Name, oder?
Naja, ein Mann aus Australien hatte vor vielen Jahren eine verrückte Idee: Er wollte einen Hund, der so fleißig arbeitet wie ein Labrador, aber nicht so viele Haare verliert, dass das ganze Sofa damit übersät ist. Hast du schon mal einen Labrador gestreichelt? Wenn du das noch einmal machst, musst du unbedingt zählen, wieviel Haare auf deiner Hose sind. Ich hoffe, du kannst schon über Hundert zählen, denn so viele sind es mindestens.
Also, dachte der Mann aus Australien, dann wäre doch ein Pudel als Papa ganz passend, der haart nämlich nicht.
Und so entstanden die Labradoodles, nämlich solche wie ich, auch Lockenwolf genannt.
Ich möchte euch ein bisschen von Hunden und natürlich von mir und meinem Leben im schönen Sasbachwalden erzählen. Da ich als Hund ja nicht schreiben kann, wurde ich von Bettina interwufft und die hat ganz fleißig mitgeschrieben.
Also, ich fange mal ganz vorne an. Vor einigen tausend Jahren, da gab es noch keine Hunde. Da gab es nur Wölfe. Das waren die Urahnen der Hunde. Meine Ur-Ur-Ur-Ur-Ur-Ur-Ur-Omas und Opas.
Menschen und Wölfe haben vor vielen tausend Jahren irgendwie zueinander gefunden. So ganz genau

weiß man heute nicht mehr, wie das war. Ist ja auch schon so lange her.
Es gab wohl einige Wölfe, die waren nicht ganz so scheu wie die anderen. Und die trauten sich was und hielten sich in der Nähe der Menschen auf. Der Mensch hat dann die zutraulichen Wölfe zu sich in sein Lager geholt. Die waren immer noch ziemlich wild und haben geheult.
Hast du schon einmal einen Wolf heulen hören? Du kannst dir ja mal Wölfe und ihr Geheule an dem rechteckigen Gerät anhören, das bei euch Menschen meistens im Wohnzimmer steht und aus dem manchmal so komische Geräusche kommen.
Die Menschen fingen an, besonders zahme und freundliche Wölfe miteinander zu verpaaren. Verpaaren heißt, die wurden dann Mama und Papa. Und die Hundekinder wurden immer braver und gutmütiger. So wurden aus den wilden Wölfen freundliche und nette Hunde. Heute leben Hunde bei Menschen Zuhause, sie sind keine wilden Tiere mehr. Nun ja, die meisten wenigstens.
Und dann hat der Mensch bemerkt, dass wir Hunde ganz besondere Talente haben. Einige Hunde können ganz prima auf andere Tiere aufpassen. Manche jagen gerne Katzen und Hasen hinterher. Manche bewachen das Haus. Die machen das so gut, dass kein Einbrecher sich traut, auch nur in die Nähe zu kommen. Und so entstanden Hunde mit ganz speziellen Fähigkeiten.

Weil die Hunde so talentiert waren, haben sie den Menschen bei der Arbeit geholfen. Sie haben mit ihnen gejagt, andere haben auf die Höfe aufgepasst und wieder andere haben das Vieh beschützt. Daraus sind dann im Laufe der Zeit bestimmte Hunderassen entstanden.
Welche Hunderassen kennst du?
Heute soll es mehr als 400 verschiedene Hunderassen geben. Mir fallen ein: Labrador, Bernhardiner, Beagle, Collie, Dackel, Dalmatiner, Dogge, Schäferhund, Husky, Neufundländer, Pudel, Setter.
Wir Hunde sehen heute sehr verschieden aus. Von den vielen verschiedenen Hunderassen gleicht keine der anderen. Konrad, den ich manchmal treffe, ist ein kleiner Chihuahua, der wiegt nur 600 Gramm. Max gehe ich aus dem Weg, das ist ein Irischer Wolfshund, der hat stolze 60 Kilogramm.
Auch unser Fell ist ganz unterschiedlich: Es kann ganz kurz oder wuschelig sein. Und wir Hunde können hoch und schlank sein wie ein Windhund, klein und stämmig wie ein Mops, groß und kräftig wie ein Jagdhund oder klein und kurzbeinig wie ein Dackel. Ebenso unterschiedlich ist die Fellfarbe: Neben Schwarz und Weiß gibt es alle möglichen Braun- und Grautöne, manche Hunde sind gescheckt oder lustig gefleckt wie die Dalmatiner. Mein Fell ist hellbraun.
Heute müssen die meisten Hunde nicht mehr arbeiten. Heute leben sie mit ihren Menschen einfach zusammen. Familienhunde nennt man das.

Also ich finde das gut so. So kann ich meist auf dem Sofa rumliegen. Aber den ganzen Tag nichts tun, ist auch langweilig. Manchmal möchte ich schon zeigen, was ich alles so kann.
Was denkt ihr, was ich besonders gut kann?
Also ich kann ganz toll Spuren suchen. Wenn jemand wo gelaufen ist, kann ich diese Spur mit der Nase verfolgen. Das geht sogar, wenn die Person schon lange weg ist. Oder ich kann riechen, wenn ein Tier vor ein paar Stunden meinen Weg gekreuzt hat. Ich weiß obendrein, in welche Richtung es gelaufen ist. Das ist wichtig! Möchte ich mal einem Hasen hinterherjagen, muss ich ja in die richtige Richtung rennen.
Die Spuren finde ich, weil ich so gut riechen kann. Und weil ich so eine gute Nase habe, kann ich auch verlorene Gegenstände wiederfinden.
Sky, meine beste Hundefreundin, darf immer Sachen draußen suchen, die jemand aus der Familie vorher versteckt hat. Sie kann das richtig gut. Sie kann sogar Sachen, die oben in einem Baum versteckt sind, an einer Schnur runterzuziehen. Super, oder? Wenn sie selbst nicht drankommt, ist sie besonders schlau. Dann sagt sie ihrem Menschen Bescheid und der hilft ihr dann. Das ist echt cool.
Auch beim Hören schlage ich euch um Längen. Ich kann meine Ohren bewegen und höre Geräusche deshalb aus vielen Richtungen. Außerdem kann ich sehr hohe Töne wahrnehmen. Daher höre ich, wenn eine Maus unter der Erde fiept.

Habt ihr schon mal probiert, mit dem Ohr auf dem Boden eine Maus fiepen zu hören?
Ich brauche kein Ohr auf den Boden legen, ich höre das einfach so. Deshalb muss man auch nicht laut schreien, wenn man einem Hund etwas sagen möchte. Da kann man ganz leise wie eine Maus flüstern.
Und noch was kann ich gut. Ich kann, wenn es draußen ganz dunkel ist und ihr schon nichts mehr seht, Dinge gut erkennen. Dazu haben meine Augen eine spezielle Schicht.
Habt ihr einen Hund? Dann leuchtet ihn mal im Dunkeln an und ihr werdet sehen, dass seine Augen zurückleuchten. Ihr seht also, wir Hunde können ganz schön viel.
Ich bin zusammen mit fünf Geschwistern vor sechs Jahren auf die Welt gekommen. In den ersten drei Wochen konnte ich weder sehen noch hören, aber das ist bei Hunden halt so. Dafür funktionierte meine Nase von Geburt an supergut. Schon damals konnte ich nur mit meiner Nase die Zitzen mit der leckeren Milch bei meiner Mama finden.
Ich habe dann acht Wochen mit meinen Geschwistern und meiner Mama bei unserem Züchter gelebt. In der Zeit haben wir viel geschlafen, gespielt und die Welt um uns herum entdeckt. Wir durften auch raus in den Garten, da konnten wir rumstöbern. Das Rumstöbern hat uns ziemlich schnell müde gemacht. Dann haben dicht zusammengekuschelt geschlafen. Wir haben auch viel Besuch bekommen.

Irgendwann habe ich gehört, dass eine Besuchsfamilie mich adoptieren möchte. Ich wusste nicht, was das bedeutet, aber eine Woche später haben sie mich dann mitgenommen. Ich wurde in eine rollende Höhle verfrachtet. Da war ich völlig durcheinander: Plötzlich waren Mama und auch alle Geschwister weg. Da habe ich mich erst mal echt allein gefühlt. Ich saß weinend auf dem Schoß von meiner „neuen Mama". Sie hat mich gestreichelt und mir gut zugeredet, darüber bin ich dann eingeschlafen.
Nach einer Weile wurde ich wieder wach, die rollende Höhle hielt an und die Türen gingen auf. Das war also mein neues Zuhause.
Meine neue Familie hat sich ganz doll Mühe gegeben, mir das Eingewöhnen leicht zu machen. Ich habe eine eigene Höhle nur für mich allein bekommen. Die Menschen nennen das eine Hundebox. Und in der fühle ich mich pudelwohl. Und ich habe auch eine ganze Menge Spielzeug.
Wisst ihr, mit was Hunde spielen?
Ich habe einen Ball, einen Spielknochen, eine Plüschente und ein Knotenseil. Die Plüschente hat am Anfang gequietscht, wenn ich drauf gebissen habe. Das hat meine Menschen gestört, da haben sie die Quietsche kaputt gemacht. Schade eigentlich, das hat sich angehört wie eine Maus.
Und ich bekomme ganz leckeres Essen. Was am besten war: Ich musste das Essen nicht mehr mit meinen Geschwistern teilen.

Damals, mit meinen Geschwistern, musste ich echt schnell sein, sonst haben die anderen alles weggegessen. Jetzt kann ich mir ein bisschen mehr Zeit lassen. Aber als Hund fresse ich trotzdem ziemlich schnell. Was im Magen ist, ist gut aufgehoben, so denke ich mir das zumindest.
Leider bekomme ich nicht alles zu essen, was ich möchte. Es gibt einen Raum bei uns, da ist ein großes, leise brummendes Gerät. Da stellen die Menschen lecker riechende Sachen rein. Sie nennen es Wurst und Käse. Das hätte ich auch gerne, aber die Menschen sagen, das wäre nicht gesund für mich. Pah, dabei essen sie doch selbst dauernd Sachen, die nicht gesund sind! Aber gut, ich glaube, die meinen es ja gut mit mir.
Weißt du, was Hunde so alles fressen?
Hauptsächlich essen wir Fleisch, dazu noch bissel Gemüse und manchmal Obst. Das ist aber alles schon vorbereitet in so großen Säcken. Manchmal ist in Hundefutter auch Getreide, das vertragen wir aber nicht wirklich gut, wir sind ja nun auch keine Pferde.
Es gibt in unserer Familie zwei große und zwei kleine Menschen – so nennt man die Tiere, die auf zwei Beinen laufen und den Kopf immer oben haben. Also, das verstehe ich nicht, warum haben die den Kopf oben? Was riechen die Menschen da oben? Die leckeren Sachen liegen doch alle auf dem Boden.
Also ich finde immer wieder Pommes, Pizzastücke und die eine oder andere Wurst auf dem Boden.

Dass die auch in der Luft rumfliegen, habe ich noch nie gesehen. Echt seltsam.
Menschen verhalten sich oft komisch. Wenn ich andere Hunde treffe, dann beschnuppern wir uns. So können wir erkennen, wer wir sind. Und dann weiß ich auch, wie alt der andere Hund ist, oder ob er gesund ist.
Menschen dagegen geben sich die Pfoten. Ob die daran auch erkennen können, wie der andere drauf ist? Also ihr könnte ja mal ausprobieren, ob Hand geben oder schnuppern besser ist.
Menschen machen auch komische Geräusche. Sie nennen das Sprechen. Ich verstehe das meiste nicht. Was ich verstehe ist, wenn sie „Mala“ rufen. Okay, damit meinen sie wohl mich. Das wusste ich ganz schnell, ich bin schließlich ein schlauer Hund. Ein paar andere Wörter verstehe ich auch. Sitz oder Platz zum Beispiel.
Ich finde es seltsam, dass Menschen Worte benutzen, um zu sagen, was sie wollen und wie sie sich fühlen. Ich belle oder schaue treuherzig. Aber meist könnt ihr an meinem Körper sehen, was ich sagen möchte und wie ich mich fühle. Körpersprache nennt man das.
Wenn ich die Zähne fletsche, den Schwanz ganz steif halte und das Fell sträube, bedeutet das, dass ich mich bedroht fühle.
Wenn ich knurre oder die Ohren anlege, heißt das: „Bleib weg!“.
Wenn ich den Kopf schief lege, bedeutet das: „Das habe ich nicht verstanden“.

Und wenn ich mit dem Schwanz wedele, freue ich mich. Ganz einfach – oder?
Und ganz unter uns, manchmal kommen aus dem Mund eines Menschen ja Worte, die gar nicht stimmen. Lügen nennen die Menschen das. Nein, also so was machen wir Hunde nicht. Wir sind ehrlich, meistens zumindest.
Die kleinen Menschen sind meistens lustig. Sie sind ein bisschen wie ich. Am liebsten spielen sie miteinander. Die großen Menschen dagegen sind die meiste Zeit irgendwie beschäftigt. Die schauen ganz oft in so ein kleines Gerät. Da tippen sie drauf rum. Manchmal sprechen sie da auch rein und manchmal kommen da auch Töne oder Worte raus. Wozu das wohl gut ist?
Also Hunde brauchen sowas nicht. Damit machen die Menschen auch Fotos. Meistens von mir. Ich bin ja auch total süß. Und dann zeigen sie die Fotos anderen Menschen und die sind dann ganz entzückt.
Mein Schlaf ist nur sehr leicht, und ich wache leicht auf. Die Menschen gucken oft zu, wie ich träume: Dann belle oder knurre ich leise oder zucke mit den Pfoten.
Normalerweise werde ich morgens als Erste wach. Da muss ich nämlich aufpassen. Denn ganz früh am Morgen kommt eine Frau zu uns an unsere große Höhle. Menschen nennen das Haus. Sie bringt so ein Bündel aus Raschelblättern, in das die Menschen beim Frühstück die Nase reinstecken. Zeitung nennen die Menschen das.

Wenn die Frau mit dem Bündel Papier kommt, dann rege ich mich oft doll auf und belle. Dann geht die Frau schnell wieder. Dann freu ich mich, dass ich das das Haus so gut bewacht habe. Ob sie auch gehen würde, wenn ich nicht belle? Ich weiß es nicht. Vorsichtshalber schicke ich sie aber jeden Morgen weg. Meine Menschen finden das nicht so gut, aber ich nehme meinen Job ernst, also belle ich.
Das Bellen weckt auch meine Menschen. Irgendwann stehen dann alle auf und ich darf in den Garten. Ich muss dringend mein Morgenpipi machen. Das mache ich immer ganz am Rand des Gartens, so wissen die anderen Hunde genau, wo ich wohne. Und die wissen dann auch, dass sie da nicht einfach so rein dürfen.
Die Menschen sind da ganz anders. Die bauen einen Zaun um den Garten, damit niemand einfach so reinkommt. Und zum Pipimachen verstecken sie sich hinter einer Tür. Und dann machen sie das Pipi mit viel Wasser weg, damit keiner es riechen kann. Komisch, dabei ist das Pipi doch dafür da, dass es alle riechen können.
Wenn die Menschen gefrühstückt haben, gehen die kleinen Menschen in die Schule, der eine große Mensch geht zur Arbeit. Ich gehe mit dem anderen großen Menschen dann auch los. Sie nennt das Gassi gehen. Keine Ahnung, was sie damit meint. Ich bin auf jeden Fall immer ein bisschen aufgeregt. Wer weiß schon, wen wir treffen. Oder was ich da so alles zu riechen bekomme.

Manchmal treffen wir beim Gassigehen auch Freunde. Dann reden die Menschen und wir Hunde unterhalten uns auch. Die Menschen sagen dann, wir würden spielen. Tun wir aber gar nicht. Wir reden mit unserem Körper und manchmal bellen wir dazu. Zu Bella sage ich immer: „Verpiss Dich!“, vor allem wenn Kasper da ist. Dann verkriecht sie sich zwischen die Beine ihres Menschen. Kasper dagegen mache ich schöne Augen. Er ist nämlich ein ganz dufter Typ.
Zuhause bekomme ich dann auch etwas zu essen. Ich mag am liebsten Fleisch. Aber meist muss ich auch Flocken und Gemüse dazu essen. Das müsste echt nicht sein.
Anschließend kuschle ich mich in mein Hundebett und ruhe mich aus.
Drinnen zu fressen, finde ich eigentlich doof. Ich würde schon gerne auch ein bisschen jagen. Oft träume ich davon, eine Maus oder einen Hasen zu jagen. Ich würde, die Nase auf dem Boden, über Stock und Stein springen. Und habe ich sie dann er wischt, würde ich sie in aller Ruhe gleich an Ort und Stelle vertilgen. Denn Essen macht mir am meisten Spaß, wenn ich mich vorher so richtig verausgabt habe. Leider nur ein Traum. Jagen darf ich nicht. – Schade eigentlich. Aber ich halte mich meist an diese Regel.
Im Vertrauen, ich kenne einige Hundekumpels, die halten sich da nicht immer dran. Die kriegen dann mächtig Ärger. Dabei machen die doch nur das, was wir als Hund draußen normalerweise so machen.

Irgendwann kommt dann wieder Leben ins Haus. Die kleinen Menschen kommen aus der Schule zurück. Wir begrüßen uns, als hätten wir uns seit Jahren nicht mehr gesehen. Das macht man als Hund so.
Dann essen die Menschen ihr Mittagessen und ich bekomme einen Kauknochen. Statt mit mir zu spielen, müssen die kleinen Menschen danach ruhig an einem Tisch sitzen und etwas in ihre Hefte schreiben. Sie nennen das Hausaufgaben. Hunde müssen das nicht.
Warum macht ihr Hausaufgaben?
Und wenn sie dann endlich fertig sind, dann gehen wir alle zusammen raus und toben gemeinsam. Das macht mir Spaß. Und ich passe auch genau auf, dass keiner verloren geht oder einem was passiert. Wenn ein fremder Mensch kommt, dann belle ich. Das finden meine Menschen meist nicht so toll, aber ich muss ja schließlich aufpassen.
Abends gibt es für alle nochmal etwas zu essen. Die Menschen sitzen zusammen um einen Tisch. Sie haben dann weiße runde Dinger vor sich stehen und haben glänzende Stäbe, mit denen sie sich die Futterbrocken in den Mund schieben. Ich brauche alle diese komischen Dinge nicht. Ich hau einfach rein und esse aus dem Napf in der Küche.
Wenn alles aufgegessen ist, kehrt langsam Ruhe ein. Dann sitzen wir alle im Wohnzimmer und spielen was, oder die Menschen schauen in die Kiste, die sie Fernsehen nennen, oder lesen sich gegenseitig vor.

Das gefällt mir, da werde ich müde und döse schon mal auf dem Sofa ein.
Die Wochenenden sind ganz anders. Niemand muss in die Schule oder zur Arbeit. Da ist die ganze Familie zuhause. Das gefällt mir gut. Denn das Wichtigste für mich ist, immer nahe bei meinen Menschen zu sein. Hunde würden immer zusammenbleiben, da ginge keiner zur Schule oder zur Arbeit.
Oft machen wir alle zusammen einen Ausflug. An solchen Tagen sind wir viel länger unterwegs als sonst. Das gefällt mir.
Manchmal fahren wir sogar mit unserer rollenden Hundehütte hoch in den Schwarzwald. Da gehen wir wandern. Da gibt es viele neue Dinge zu erkunden. Ich darf überall schnüffeln.
Mit den kleinen Menschen springe ich über Hindernisse oder wir balancieren über Baumstämme. Neulich waren wir an einem See, der war rund, das Wasser war ganz dunkel und roch irgendwie erdig. Das war der Mummelsee. Da bin ich reingesprungen, aber brrr, ich sag euch, das Wasser war vielleicht kalt.
Was hast du am Mummelsee gemacht?
Wir haben auch einmal einen Ausflug gemacht, da war es draußen ganz schön kalt und alles war weiß. Die Menschen hatten dicke Jacken an und ihre Pfoten dick verpackt.
Überall fielen diese kleinen weißen Dinger vom Himmel. Du weißt schon, dieser Schnee. Ich liebe Schnee.

Zuerst haben mir die Menschen weiße Bälle zugeworfen. Wenn ich sie gefangen habe, sind sie zerplatzt. Und dann habe ich ein riesiges Loch in den Schnee gebuddelt. Das war bombig.
Und als das Loch endlich groß genug war, haben mich meine Menschen auch noch mit Schnee zugedeckt. Das war erst mal komisch und auch ein bisschen kalt. Ich habe brav gewartet, bis sie ein Foto von mir gemacht haben.
Anschließend habe ich mich schnell wieder selber ausgebuddelt. Das war Klasse.
So, ich glaube, jetzt wisst ihr so Einiges über Wölfe, Hunde und mich, – die Mala.
Macht's gut, bis vielleicht bald mal in den Reben!
Eure Mala

Schlittenfahrt im Buchwald am Brigittenschloss bei Sasbachwalden,
Foto: Kim Patricia Laubner

## Wann kommt endlich der Schnee?

*Regina de Rossi*

„Mama, wann schneit es denn eigentlich wieder einmal?"

„Tja, Kind, eigentlich müsste es draußen schon lange weiß sein."
Nachdenklich stand Tim am Fenster und schaute hinaus. Alle Farben waren zu sehen, der gelbe Briefkasten, der grüne Gartenzaun und das orangene Dach vom Hühnerstall. Alles, nur kein weißer Schnee! Ach, ja, und die rote Schaukel im Garten neben der Rutschbahn, die der Opa ebenfalls rot angemalt hatte.
Tim erinnert sich, wie er seinem Großvater im Sommer beim Anstreichen helfen durfte. Uih, wie hat er ausgesehen, als Mama ihn zum Mittagessen rief. Die Finger, die Sandalen, die Zehen so rot, als wäre er gerade in einen Korb mit frisch gepflückten Kirschen gefallen.
„Tim, um Himmels willen, was ist passiert? Hast du dich verletzt? Komm, schnell, wir müssen gleich zum Arzt fahren."
Tim hatte verwirrt an sich hinuntergeschaut. „Aber, Mama, mir tut doch gar nichts weh!"
Mama aber hörte nicht auf ihn. „Wo tut´s denn weh, Tim? Bleib ganz ruhig. Ich ruf den Doktor Breinlinger an. Der ist Unfallarzt, weißt du, der weiß, was zu tun ist."
Oje, in dem Moment kam auch noch die Oma vom Einkauf zurück. Als sie Tims rote Hände und Füße sah, ließ vor Schreck ihre Einkaufstasche fallen. „Aber, Bub, was hast du gemacht? Schnell, Anna, hol den Doktor! Schnell, schnell."
Die Eier, die die Oma gerade eingekauft hatte, rollten mittlerweile munter über den abschüssigen Hof

direkt zum Hühnerstall, gefolgt von grasgrünen Äpfeln, einem dicken Kohlkopf und einer Horde dunkelbrauner Kartoffelknollen. Mit großem Gegacker flüchteten die Hühner auf das Dach ihres Hühnerstalls.
Von dem Geschrei der Oma angelockt, kam nun auch Opa Franz um die Ecke. „Franz, schau den Bub' an. Der blutet überall. Schnell, du musst den Krankenwagen rufen."
Vor lauter Aufregung wählte Mama drei Mal die falsche Nummer, ließ zwei Mal das Handy fallen und bekam gar nicht mit, dass Opa Franz aufgetaucht war. Der schaute zuerst auf Tim, dann auf Mama, dann auf Oma Luise und begann schließlich derart laut zu lachen, dass sein Bauch lustig auf und ab wippte.
„Ja, seid ihr denn alle verrückt geworden?", lachte er und konnte fast nicht weiterreden. „Jetzt schaut doch mal genau hin. Der Bub hat doch nur was von der roten Farbe abbekommen, und ihr macht ein solches Theater."
„Farbe", stammelte Mama. „Was für Farbe? Und überhaupt, wie siehst du denn aus?"
Mitten in Opas Gesicht fand sich ein dicker roter Klecks. Direkt auf seiner Nasenspitze. Den hatte er sich geholt, als er etwas näher an die Rutsche heran ging, um zu prüfen, ob die Farbe schon getrocknet war.
Jetzt quietschte auch Oma Luise vor Lachen laut auf. „Ja, Franz, du Bachl", rief sie. „Ja, kannst du denn

nicht besser aufpassen auf den Buben? Und überhaupt, wie du ausschaust! Als hätte dich eine Biene mitten auf die Nase gestochen oder als wärst du mit der Nase voraus in den Himbeermarmeladentopf gefallen!“

Jetzt lachten sie alle und waren froh, dass nicht wirklich etwas passiert war. Tim aber kratzte sich verschüchtert am Hinterkopf. Das tat er immer, wenn er nicht verstand, was um ihn herum geschah.

Tim dachte gerne an diesen Sommertag. Damals hatte ihn seine Mama in die Badewanne gesteckt. Puh, wie lange sie schrubben musste, bis die rote Farbe von Füßen und Händen wieder weg war! Aber geschimpft hatte sie nicht. Viel zu froh war sie, dass ihr Bub nicht wirklich verletzt war.

Jetzt aber war es Winter und man konnte weder schaukeln noch Fahrrad fahren oder ins Schwimmbad gehen. Tim liebte das Schwimmbad und die superlange Rutsche dort, doch er ging auch gerne mit Opa zum Bach oder mit Papa zum Angeln. Obwohl, das Angeln war ihm eigentlich zu langweilig. Immer nur sitzen, still sein und warten, bis ein Fisch anbeißt. Vor allem das Warten mochte Tim gar nicht. Und jetzt wartete er auf den Schnee.

Mit hängenden Schultern schlich Tim durchs Haus und setzte sich an den Kachelofen im Wohnzimmer. Sein Lieblingsplatz. Hier konnte er schön vor sich hinträumen und, wenn er auf der Bank saß, sich den Rücken wärmen.

Tims Blick schweifte hinaus aus dem Fenster. Am Himmel gab es viele dunkelgraue Wolken.
„Alles, nur kein Schnee“, murmelte er, während er von der Wärme immer müder wurde. Schließlich wurden seine Augen so schwer, dass sein Körper auf die Ofenbank des kuschlig warmen Kachelofens rutschte und er tief und fest einschlief.
Tim träumte. Wovon wohl? Natürlich von frisch gefallenem tiefweißem Schnee! Alles um ihn herum war bedeckt mit herrlich weißen Flocken. Und er, Tim, stand mittendrin in seiner dicken roten Winterjacke und den warmen Stiefeln und zog seinen roten Holzschlitten hinter sich her.
Mutig stapfte und stapfte er in seinen Winterstiefeln den tief verschneiten Weg entlang. Wo kam denn plötzlich all der Schnee her? Und wo waren die anderen Kinder, seine Freunde aus der Schule? Hatten sie keine Lust, Schlitten zu fahren, jetzt, wo endlich alles weiß geworden war?
Egal, Tim zog weiter. Vorbei am Schwimmbad, durch die Weinberge und schließlich in den Wald hinein. „Hm“, dachte er. „Ein bisschen unheimlich ist´s mir schon, so ganz allein im Wald.“
Doch der Schnee war zu schön. Immer dichter fielen die feinen Schneekristalle. Tim fing sie mit den Händen auf und sah zu, wie sie durch die Wärme schmolzen.
„Endlich Schnee“, murmelte er. „Das wollte ich doch, oder?“ Aber mit anderen Kindern, dachte er, nicht allein im Wald. Schlittenfahren, Skifahren und

Schneemann bauen mit Freunden war großartig. Allein war es doof. Hätte er doch wenigstens den Opa gefragt. Der wäre bestimmt mitgekommen.
Ein Waldvogel zog plötzlich mit weit ausgestreckten Flügeln an ihm vorbei. Tim erschrak und duckte sich, doch der Vogel wollte ihn nur in seinem Revier begrüßen. Und dort, dort standen Rehe an einer Futterkrippe. O, wie schön.
„Wenn die keine Angst haben, dann hab´ ich auch keine“, machte Tim sich selbst Mut und stapfte weiter voran, immer tiefer in den Wald hinein.
Langsam wurde es dämmrig. Der verschneite Waldweg, die dicken Schneekappen auf den Tannen, alles verwandelte sich seltsam blau im Abendlicht. Tim staunte, wie schön das aussah!
Aber da war auf einmal auch wieder diese verflixte Angst. Wo war er nur? Fände er doch nur schnell einen Weg, der nach unten führt, nach Sasbachwalden zurück, dorthin, wo er wohnte.
Müde setzte Tim sich auf seinen Schlitten und überlegte, was er tun sollte.
Mittlerweile war es sehr kalt geworden. Um ihn herum gab es viele Geräusche. Waldgeräusche, die kannte er schon von seinen Spaziergängen mit Mama und Papa. Seine Eltern hatten ihm alles erklärt und so wusste er, dass sie ungefährlich waren und er sich vor ihnen nicht fürchten musste.
Doch der Weg zurück war viel zu lang und es würde jetzt schnell vollends dunkel werden. Tim wusste, dass das im Winter schneller ging als im Sommer.

Was, wenn er sich dann noch schlimmer verlaufen würde? Und wenn er unterwegs noch viel müder und irgendwann umfallen und einschlafen würde? Das durfte er auf keinen Fall. Wenn man im Schnee einschlief, konnte man erfrieren.
Tim spürte, wie seine Angst immer größer wurde. Außerdem hatte er Hunger und Durst und wollte jetzt wirklich nur noch nach Hause. Verzweifelt saß er auf seinem roten Schlitten und fror und traute sich nicht mehr weiterzugehen.
„Hey, wer bist du denn?“, hörte er plötzlich eine unbekannte Stimme. Tim sah sich erschrocken um, doch außer den dick verschneiten Tannen, die sich leise im Wind bewegten, sah er nichts.
„Hey, dich meine ich!“
Ängstlich sprang Tim auf. Wer war das und woher kam die Stimme?
Dann sah er ihn. Einen winzigen Mann mit einem langen weißen Bart. Das musste ein Waldzwerg sein. Oma Luise hatte Tim einmal ein Märchen vorgelesen, in dem so ein Männlein vorkam. Keck stand der kleine Kerl vor Tim im Schnee und sah ihn mit freundlich glänzenden Augen an.
„Ich, äh, - ich bin Tim - und ich wollte, - ich wollte so gern, dass es schneit, - und dann ist der Schnee wirklich gekommen, - und seitdem bin ich unterwegs, - und jetzt weiß ich nicht mehr, wo ich bin!“
Tim stammelte die Worte in Bruchstücken heraus und spürte plötzlich, wie erleichtert er war, dass er jemanden getroffen hatte, mit dem er reden konnte.

„Aha, ein Schneefreund also. Und Tim heißt du. Mhm. Aber so allein hier oben im Wald, das ist nicht gut“, murmelte der Waldzwerg und strich sich über den Bart. „Das ist sogar gar nicht gut.“
„Ich weiß“, flüsterte Tim unglücklich. „Und ich will auch wieder nach Hause, ganz schnell. Aber ich weiß nicht, wo der richtige Weg ist.“
Der Waldzwerg betrachtete Tim von oben bis unten und strich sich wieder über den Bart. Das half ihm wohl beim Nachdenken. „So einen Knirps wie dich habe ich noch nie allein in meinem Wald gesehen.“ Auf einmal tippte er sich an die Stirn, als wäre ihm etwas eingefallen. „Mein Name ist übrigens Knups“, stellte er sich vor, während er seinen handtellergroßen Rucksack von den Schultern nahm und sich damit zu Tim auf den Schlitten setzte. „Jetzt stärken wir uns erst mal. Dann sehen wir weiter.“
Verschmitzt blinzelte er Tim zu, der staunend zusah, wie der Waldzwerg den Rucksack aufschnürte, ein Stück Kastanienbrot und zwei Nüsse hervorholte und ein wenig warme Haselnussmilch aus einer Mini-Thermoskanne in eine Walnussschale goss. „Hier, Tim, iss und trink erst einmal was!“
So einen winzigen Becher hatte Tim noch nie gesehen und so ein klitzekleines Brot erst recht nicht. Doch er war so hungrig und durstig, dass er sich überglücklich bedienen ließ und verschlang alles in Windeseile. Das schmeckte so lecker!
„So, jetzt geht's bestimmt schon besser“, schmunzelte Knups und schnürte seinen Rucksack wieder

zu. „Jetzt müssen wir nur noch schauen, wie du nach Hause kommst. Am besten kommst du erst mal mit."
Ehe sich's Tim versah, griff Knups nach einem Holzpfeifchen, das er wie eine Trillerpfeife um den Hals trug, blies hinein und schon rannte eine ganze Mäusemannschaft mit Stricken und Seilen auf ihn zu. „So, das ist meine Schnee-Verirrer-Helfer-Mannschaft", stellte Knups sie stolz vor und machte sich mit der Mäuseschar an Tims rotem Schlitten zu schaffen.
Flink und gekonnt banden die Mäuse ihre mitgebrachten Schnüre und Seile an den Kufen und Holzlatten fest. Dann schlüpften sie wie Schlittenhunde in die Geschirre und schauten ihren Anführer, den Waldzwerg, aus ihren schwarzen Knopfaugen an.
„So, Junge", sagte Knups. „Jetzt musst du nur noch die Augen schließen und dir ganz fest vorstellen, wo du wohnst. Die Mäuse können deine Gedanken dann erraten und bringen dich nach Hause!"
„Wirklich?", fragte Tim ungläubig.
„Ja, du musst dir nur alles genau vorstellen, dein Haus, dein Zimmer, Mama und Papa, Oma und Opa, dein Lieblingsessen, deinen Lieblingsplatz, einfach alles."
Das ließ sich Tim nicht zweimal sagen. Schließlich wollte er schnellstens wieder heim.
So fest er konnte, presste er die Augen zu und dachte nur noch an Zuhause und stellte sich alles vor: Sein schönes Fachwerkhaus mit dem schwarzen Balkenmuster und den weißen Feldern dazwischen, sein Zimmer, seine Eltern, seine Großeltern, die Ofenbank und sogar die Hühner im Hühnerhaus.

Alle Augen der Mäuse-Schnee-Verirrer-Helfer-Mannschaft blickten Tim genau an, um nur ja nichts von dem zu verpassen, was er sich vorstellte.
„Na, wisst ihr jetzt, wo er wohnt?“, fragte Knups.
Der dickste der Mäuse-Schnee-Verirrer-Helfer nickte. „Na, klar“, piepste er und winkte den anderen Mäusen, ihm zu folgen. Gemeinsam zogen sie den roten Schlitten zu einem Waldweg, der hinab ins Tal führte.
„Achtung, festhalten!“, piepsten die Mäuse schrill. Tim konnte sich gerade noch schnell bei Knups bedanken, dann ging es im Eiltempo ab zur rasantesten Schlittenfahrt, die Tim je erlebt hatte.
Der Schnee knirschte unter den schnellen Schlittenkufen. Tims Winterjacke hob sich knallrot von dem weißen Schnee und dem tiefblauen Abendwald ab. Die Mäuse zogen, was das Zeug hielt, ja, sie jagten nur so davon und Tim hatten einen Riesenspaß an dieser Sausefahrt.
Es polterte und krachte, wenn sie über einen Hügel sausten, und immer wieder zischten links und rechts der Schlittenkufen weiße Schneefontänen auf, die aussahen wie riesige Engelflügel.
Doch ob die Mäuse sein Haus auch wirklich fanden? Tim strengte sich noch ein bisschen mehr an, sich alles noch genauer vorzustellen.
Und tatsächlich! Es klappte. Am Ende der rasanten Schlittenfahrt tauchte sein Zuhause mitsamt dem Garten vor Tim Augen auf und überglücklich erkannte er, endlich wieder zu Hause zu sein.

„Danke, ihr lieben Mäuse“, konnte er noch schnell rufen, und schon machte es „Rumms, Plumps, Rumms!“
„Ja, Bub, was ist denn jetzt schon wieder passiert?“, kam Oma Luise aufgeregt angelaufen.
Tim lag auf dem Boden im Wohnzimmer. Er war doch tatsächlich von der Ofenbank gefallen.
„Und warum bedankst du dich bei irgendwelchen Mäusen? Wir haben doch keine Maus in der Stub`.“ Kopfschüttelnd sah die Oma ihn an.
Tim brauchte eine Weile, um zu verstehen, dass er alles nur geträumt hatte. „O, nein“, dachte er, „das war alles gar nicht echt“ und fasste sich an die Stirn.
„Oma, ich glaub‘, ich hab´ geträumt.“
„Das sieht dir ähnlich“, lachte Oma Luise. „Träumen am helllichten Tag. Na, hoffentlich war´s ein schöner Traum“.
Tim überlegte. Ja, schön war er, der Traum vom Schnee, aber Angst, die hatte er leider auch gehabt, und nach Hause wäre er ohne den Waldzwerg Knups und seine Mäusefreunde, die Schnee-Verirrer-Helfer-Mannschaft, vielleicht auch nicht mehr gekommen. Zumindest nicht so schnell.
„Tim, Abendessen“, rief es aus der Küche.
„Ich komme“, rief Tim zurück und sauste glücklich an den Küchentisch.
„Du strahlst ja so“, sagte Mama.
„Ach, ich bin einfach nur froh, dass ich daheim bin bei euch allen“, antwortete Tim und Mama wunderte sich einmal mehr an diesem Tag über ihren Sohn.

Auch Opa kam zum Abendessen. „Na, Tim, alles klar? Mach mal die Augen zu und streck deine Hand aus“. Tim folgte und plötzlich hatte er etwas Feuchtes, Kühles zwischen den Fingern.
„Opa, das ist ja Schnee“, rief Tim laut aus und rannte ans Fenster. Tatsächlich, es schneite. Tausende feine Schneeflocken tanzten vor dem Küchenfenster.
„Es schneit wirklich!“ Für einen Moment freute Tim sich so sehr, dass er am liebsten sofort aus dem Haus, hinein in den Schnee, gerannt wäre. Aber dann fiel ihm sein Traumabenteuer ein und auf einmal war ihm das gemeinsame Abendessen mit seiner Familie doch wichtiger.
Morgen, dachte Tim, morgen würde er seinen Schlitten herausholen. Den roten. Und dann würde er sich mit seinen Freunden treffen und mit ihnen zusammen auf den kleinen Hügeln rodeln und einen Riesenschneemann bauen. Alle zusammen. Nur in den Wald gehen würde er nicht.
Vielleicht würde er Mama und seinen Großeltern oder auch seinen Freunden von seiner Begegnung mit dem Waldzwerg Knups erzählen und der Mäuse-Schnee-Verirrer-Helfer-Mannschaft. Ob sie ihm wohl glauben würden?

Schneepflug am Brandrüttel, Foto: Walter Kehler

## Gut, dass es Schutzengel gibt

*Karin Jäckel*

In der Wohnung unter Familie Bäcker ziehen neue Mieter ein, die Frankes. Für ihren Sohn Daniel haben sie in dem Umzugstrubel keine Zeit. Wenn er zu helfen versucht, stört er nur. Und wenn er nichts tut, steht oder sitzt er im Weg.
„Komm, wir klingeln einfach bei den Nachbarn", sagt seine Mutter. „Die Vermieterin sagt, die Bäckers haben Kinder in deinem Alter. Bestimmt darfst du mit ihnen spielen. Vielleicht werden sie deine neuen Freunde."

Daniel würde lieber im Auto sitzen und auf seinem neuen Handy spielen. Doch da hat seine Mutter schon bei den Nachbarn geklingelt und Frau Bäcker kommt raus.

„Du kannst gern bei uns bleiben", bietet sie Daniel freundlich an, als seine Mutter erzählt hat, dass ihm langweilig ist und er beim Umzug nichts helfen kann. „Meine Kinder kommen gleich aus der Schule. Du kannst mit uns essen, wenn du willst. Es gibt Brägele mit Bibeliskäs."

„Was?", fragt Daniel. Irgendwie hört sich das an, als ob es fürchterlich schmecken würde. Brägele erinnert ihn an Brägen. Das sagt sein Opa immer. Und es bedeutet Hirn. Hirn mit irgendeinem komischen Bibel-Käse zum Mittagessen?

Ja, pfui Deibel!, denkt Daniel und versucht, sich nichts anmerken zu lassen. Essen, nimmt er sich vor, essen wird er von dem Zeug garantiert nichts.

Doch Frau Bäcker lacht. Sie hat Daniel wohl trotzdem angesehen, was er gedacht hat. „Brägele sind leckere, kross gebratene Bratkartoffeln und Bibelis-käs' ist ein feiner Kräuterquark", erklärt sie. „Das ist eine Spezialität hier bei uns im Schwarzwald und in Sasbachwalden. Meine Kinder lieben das. Du bestimmt auch. Wart's nur ab."

So kommt es, dass ein wildfremder Junge mit ihnen am Mittagstisch sitzt, als Tobias und Kristin aus der Schule nach Hause kommen.

„Das ist Daniel", stellt Frau Bäcker ihn vor. „Ich glaube, er ist auch acht Jahre alt. Stimmt's, Daniel?"

Der Junge nickt.
Tobias und Kristin lächeln ihm zu. „Kommst du nach dem Essen mit zum Spielen?“, fragen sie. „Wir bauen eine Schneehöhle.“
Vor dem Küchenfenster rieselt der Schnee. Auf den drei kleinen Staffeldächern im Giebel des Fachwerkhauses gegenüber liegen dicke Schneehauben. Die Fenster mit den grünen Holzläden verschwinden fast darin. Und die Tannen im Vorgarten sehen aus, als lägen weiße Federbetten auf ihren tief herunterhängenden Ästen.
Daniel dreht Tobias den Kopf zu. „Ich weiß nicht, ob meine Mutter meine Schneesachen schon ausgepackt hat.“
„Na und?“, lacht Tobias. „Du kannst ja was von mir anziehen. Meine Mama gibt dir meinen anderen Schneeanzug. Der passt dir bestimmt. Winterboots hast du ja schon an.“
„Echt? Cool!“ Daniel strahlt, als Frau Bäcker einverstanden nickt und nach nebenan ins Kinderzimmer geht, um Tobias‘ Ersatzschneeanzug aus dem Schrank zu holen.
Aber zuerst gibt's Mittagessen. Und tatsächlich! „Brägele mit Bibeliskäs sind saulecker“, stellt Daniel fest, als er seinen Teller in die Küche trägt und sich bei Frau Bäcker bedankt.
Wenig später sausen die Kinder los.
Häuser, Bäume, Sträucher, alles trägt dicke Schneehauben. An den Straßenrändern haben Mitarbeiter des Bauhofs den Schnee zu hohen Wechten aufge-

schoben. Mit einem Kleinschlepper räumen sie die Gehwege frei und mit dem breiten Schneeschild ihres orangenen Allrad-Unimogs auch die Fahrbahnen. Alle Wohnstraßen sind nur noch mit einer dünnen Schneeschicht bedeckt. Trotzdem knirscht es unter den Füßen der Kinder bei jedem Schritt.
Der Lieblingsspielplatz aller Kinder aus den umliegenden Häusern ist ein meterhoher Schneeberg, der so dick und breit und fest geworden ist, dass man Höhlen darin bauen kann. Eine ist schon so tief, dass mehrere Kinder zusammen darin Platz haben.
„Wie im Iglu", meint Kristin und winkt Daniel und ihrem Bruder, sich neben sie zu setzen.
„Bei mir, wo wir vorher gewohnt haben, gibt's auch Gruben", erzählt Daniel. „Kohlegruben. Wart ihr schon mal in einem Stollen?"
„Stollen kenne ich", sagt Kristin. „Den schickt uns unsere Oma zu Weihnachten immer aus Dresden."
Daniel kugelt sich im Schnee vor Lachen. „Doch nicht zum Essen! Kohlestollen sind lange Gänge in den Kohlegruben." Er setzt sich auf. „Wisst ihr was, wir bauen uns hier auch einen Stollen. Wir brauchen bloß noch ein paar Bretter und Stöcke zum Abstützen."
Inzwischen sind ein paar mehr Kinder zum Schneeberg gekommen. Daniels Idee finden sie super. Alle wollen mitmachen.
„Ich weiß, wo wir Stöcke herbekommen", ruft Benno, während die anderen schon zu buddeln beginnen. „Wir haben im Herbst die alten Rebstöcke

rausgemacht, die nichts mehr getragen haben. Kommt, davon holen wir uns welche bei uns."
„Und ich krieg bestimmt ein paar Bretter, wenn ich meinen Opa frag", ist Hannes sich sicher.
Bald haben die fleißigen Arbeiterinnen und Arbeiter heiße Ohren vor Anstrengung und einen ziemlich tiefen Tunnel in den Schneeberg gegraben und gescharrt. Die Wände haben sie mit ein paar Brettern und knorrigen Rebstöcken abgestützt.
Probeweise wollen Daniel, Tobias, Benno und Hannes gleich als Erste in den Stollen hinein, während Kristin mit ihren Freundinnen Leni und Annika draußen vor dem Eingang warten und Schlange stehen soll.
Natürlich wären die Mädchen genauso gern zuerst drinnen gewesen wie die Jungen, doch die Jungen haben sich vorgedrängt.
„Wie immer!", protestiert Annika. „Immer müsst ihr die Ersten sein. Dabei haben wir genauso viel Schnee raus geräumt wie ihr und alles."
„Wir müssen euch aber beschützen", macht Benno sich wichtig. „Schließlich sind wir älter als ihr. Deshalb sind wir die Chefs." Dabei ist er auch schon losgekrabbelt.
„Genau!", stimmt Tobias zu. „Und deshalb müssen wir zuerst ausprobieren, ob der Stollen hält." Ungeduldig schiebt er Benno beiseite und drängelt sich an ihm vorbei, bis Tobias vorn ist und beide Jungen fast in der engen Schneehöhle verschwunden sind.
Daniel und Hannes wollen ihnen nach, passen aber nicht gleichzeitig hinein.

„Super!“, hören sie und die Mädchen einen der beiden Freunde aus der Schneehöhle rufen und sehen, wie Benno voller Stolz mit der Faust gegen die Bretter der linken Stützwand schlägt.
Was dann passiert, geht so schnell, dass niemand es genau sieht. Urplötzlich bricht die Stützwand neben den Jungen weg. Dicke, harte Schneebrocken ploppen wie Steine aus der Höhlendecke herunter. Und auf einmal rutscht irgendwie alles ringsum wie eine Lawine hinterher.
Daniel und Hannes, die noch nahe des Eingangs waren, werfen sich erschrocken ins Freie. Benno robbt Schnee spuckend unter einer dicken Schneeschicht hervor. Tobias aber, der sich so weit vorgedrängt hatte, ist in der weißen Masse verschwunden.
Als sich der Schneestrom beruhigt, starren Kristin und die anderen sich entsetzt an.
„Tobias!“, schreit Kristin. „Tobi!“
Mit bloßen Händen versucht sie, die Schneebrocken weg- und den Eingang zu ihrem Stollen auszugraben. Sofort helfen alle anderen mit.
Nur Daniel rührt sich nicht. „Aufhören!“, ruft er. „Wenn noch mehr einstürzt, kriegen wir ihn nie mehr raus.“ Sein Vater hat oft von der Grubenarbeit erzählt. Daniel kennt sich aus.
„Ich merk was!“, schreit Kristin im gleichen Moment. „Da ist was!“
Jetzt sehen es alle. Eine Hand greift aus dem Loch heraus, das Kristin und alle Freunde in den Tiefschnee gewühlt haben.

Und da! „Hilfe!“ Wie von weit her, aber deutlich ist es zu hören.
Kristin will sofort an der Hand ziehen. Aber Daniel hält sie mit beiden Armen fest. „Das schaffst du nicht allein. Wir ziehen alle zusammen. Hau ruck! Auf mein Kommando. Und dann alle gleichzeitig ziehen. Verstanden?“ Alle nicken. Auch Kristin.
Sie umklammert Tobias' Hand zwischen den Schneebrocken so fest sie kann mit beiden Händen. Daniel nimmt Kristin mit beiden Armen um den Bauch. Benno packt Daniel um den Bauch. Ein anderer Junge umschlingt Bennos Bauch, ein Mädchen stellt sich hinter ihn und legt ihm die Arme um den Bauch und immer so weiter, bis alle eine Kette bilden.
„Hau ruck!“, gibt Daniel vor. Und alle ziehen.
„Hau ruck!“
Mit Schwung werfen sich alle gleichzeitig nach hinten. Und tatsächlich, sie schaffen es! Wie ein Maulwurf escheint Tobias mit Kopf und Oberkörper aus dem Schneebruch und schaufelt sich gleichzeitig mit Armen und Beinen vollends frei, während alle noch einmal an ihm ziehen.
Kristin stürzt als Erste nach vorn. Mit beiden Armen zerrt sie Tobias auf die Füße und hält ihn fest. So viel Angst um ihren Bruder hatte sie noch nie.
Sein Gesicht ist nass und kreidebleich. Aber als er Kristin und die Freunde ansieht, grinst er schon wieder. Nur sein Kinn zittert ein bisschen. „Ich glaube, ich muss heulen“, sagt er.

Und plötzlich wollen alle ihn anfassen. Am Arm, am Kopf, an der Schulter, egal, wo. Sie wollen fühlen, dass alles noch einmal gut gegangen ist.
„Am Sonntag", verspricht Kristin und hält Tobias' Hand so fest sie kann, „am Sonntag zünde ich deinem Schutzengel eine Kerze an."

Blick aus den Reben auf Kirche und Rathaus in Sasbachwalden,
Foto: Louisa Höll

## Das Virus, der Schnee und Bart Simpsons Hintern auf Stein

*Christa Maria Buß*

Margarete war wütend. Margarete war enttäuscht. Margarete hatte morgen ihren 74sten Geburtstag und keiner konnte sie besuchen kommen.

Der Winter hatte Sasbachwalden im Griff. Ein kräftiger Winter, ein schneereicher Winter. Margarete konnte sich kaum erinnern, dass an ihrem Geburtstag je so viel Schnee gelegen hatte.
Die Häuser und Höfe entlang der Bergstraße, die hinaufführte zur Schwarzwaldhochstraße, waren jeden Morgen nur mit großem Gerät zu erreichen: Feuerwehr, THW und die Räumfahrzeuge der Stadt. Dann wurde freigeschaufelt und freigekehrt. Die schneeige Welt im Ausnahmezustand.
Margarete hatte aus tröstlicher Gewohnheit einen Hefekuchen gebacken. Zumindest Luise, ihre Nachbarin und Freundin seit Kindertagen, würde zum Kaffee kommen. Als der Kuchen - herrlich mit Puderzucker überstäubt - auf der Anrichte stand und es nichts mehr zu tun gab, hielt es Margarete nicht mehr aus.
Sie nahm Hut und Mantel, ihren Stock und trat in den Hof. Blinzelte in die kalte Wintersonne und ging die wenigen Schritte bedacht zu Luises Haustür.
„Lass uns spazieren gehen, Luise, mir fällt die Decke auf den Kopf."
„Stimmt. Immer im Haus - da wird man ja rammdösig in der Birne." Luise nahm selten ein Blatt vor den Mund.
Der Weg zur Kirche ging bergauf und war Gott sei Dank freigefegt und mit Sägemehl bestreut, obwohl kaum mit Wallfahrern zu rechnen war. Sasbachwalden hatte kaum eine Straße, die kein Gefälle hatte. Dafür waren die Reben der Sonne

immer ein Stück näher. Und das war ein Gottesgeschenk.
Es waren ein paar Leute unterwegs, weniger als sonst, da im Grunde niemand Gefahr laufen wollte, bei weiterem Schnee nicht mehr nach Hause zu kommen. Von den verschneiten Hängen gegenüber hörten die beiden das Kreischen und Lachen von Kindern, die Schlitten fuhren.
„Sieh dir das an, Marga, es werden immer mehr."
Luise zeigte mit ihrem Stock auf die Spur der bunt bemalten Steine entlang der Kirchenmauer. Einer am anderen, eine schlängelnde Linie aus Farben und Worten. Der Versuch, andere Leute zu grüßen, weil man sich in der Coronazeit nicht mehr nahe kommen durfte.
Kein Wunder, dass die Steine hier bei der Wallfahrtskirche der heiligen Dreifaltigkeit lagen. Wenn nicht hier, wo sonst hätte man die stillen, liebevollen Grüße auslegen können? Die Steine waren vom Schnee kaum bestäubt, weil sie nahe an der Mauer lagen. Man konnte die Zeichnungen noch immer gut erkennen.
Margarete und Luise bückten sich und besahen sich die ausgelegten Steine. Fische in Häkelhemden, Eulenfamilien, bebrillte Hasen, und jede Menge Sprüche und liebe Wünsche. Dann - Bart Simpson. „Corona ist ein Arsch.", stand da und der freche Bart ließ seine Hosen herunter, um dem Virus seine Geringschätzung mit Körpereinsatz zu demonstrieren.

Margarete stockte, als sie den Stein sah.
Die Welt war aus allen Fugen, das Virus noch immer allgegenwärtig, morgen war ihr Geburtstag, der wegen des Schnees einsamer als je zuvor werden würde – und nun dieser blanke Hintern.
Margarete lachte.
Bis ihr Tränen die Wangen hinabliefen.
„Egal, was man von dem gelben Kerl hält, dieses Mal hat er auf jeden Fall recht", meinte Luise und rückte den herrlich anstößigen Stein mit ihrem Stock zurecht. „Etwas kalt, um die Hosen runterzulassen, meinst du nicht, alter Junge?"
„Mir gefällt er außerordentlich", antwortete Margarete und wischte sich die Tränen von der Wange. „Glaubst du, man darf ihn mitnehmen?"
Luise sah sich um. „Trotz dem Schnee zu viele Leute. Haben die alle kein Zuhause?" Sie seufzte. „Und mitnehmen ist auch nicht Sinn der Sache."
„Schade. Wirklich, schade."
Margarete wartete. Im Dunkeln. Hinter der Haustür. Den Stock in der einen, die Taschenlampe in der anderen Hand. Ihre Kleidung war schwarz.
Margarete hatte eine Mission.
Die Kirchturmuhr schlug halb zwölf, als sie vorsichtig die Tür öffnete und hinauslinste. Niemand unterwegs. Wie auch? Schnee und noch mehr Schnee. Alle waren daheim eingesperrt.
Der Schnee knirschte unter ihren festen Schuhen und ihre Schritte schienen ihr deshalb umso lauter. Sie huschte, soweit es ihre alten Knochen zuließen, über

die Straße, dann den kleinen Weg hinauf und erreichte den Kirchhof ungesehen. Sie machte noch kein Licht, die Steineschlange fing erst bei der Mauer an.
Die Luft war kalt, Margarete konnte ihren Atem vor dem Gesicht sehen. Sie zählte die hohen Kirchenfenster, nach dem vierten auf der rechten Seite war es nicht mehr weit. Noch einmal sah sie sich um, horchte, bevor sie die Taschenlampe anknipste. Dann ging sie gebeugt an der Steinreihe entlang, wunderte sich erneut, mit welcher Hingabe und Kreativität hier kleine Kunstwerke geschaffen worden waren. Lächelte bei dem Hemdfisch und tätschelte dem Eulenvater sogar den Kopf. Dann …
Der Strahl einer Taschenlampe traf sie überraschend und blendend.
„Margarete Theresia Teichmann, ich bin entsetzt!"
Margarete hob abschirmend die Hand. „Luise! Verflixt, hast du mich erschreckt! Meine Güte, mir ist das Herz stehen geblieben!"
„Was tust du zu dieser nachtschlafenden Zeit hier draußen?" Luise nahm das Licht herunter. Jetzt erkannte Margarete, dass auch Luise sich finster gekleidet hatte.
„Wohl das Gleiche wie du!" Margarete sah nach unten. „Hast du ihn schon gefunden?"
„Klar doch." Luise zog den Bart Simpson-Stein aus ihrer Tasche. „Du wirst alt, meine Liebe, ich war eindeutig schneller."
Die Kirchenglocke über ihren Köpfen schlug Mitternacht.

„Alles Gute zum Geburtstag!“ Luise reichte Margarete den warmen Stein. „Den stellst du morgen auf den Kaffeetisch. Egal, wer kommt, wird darüber lachen können.“
Margarete grinste. „Genau. Corona ist aber auch ein Arsch.“
„Worauf du einen lassen kannst!“

Drachen und Eisfiguren auf dem Nordgipfel der Hornisgrinde,
Foto: Robert Schwendemann

## Das goldene Drachenei

*Tanja Petermann*

Im Zauberflockenwald, einem magischen Wald am Fuße der Hornisgrinde, dem höchsten Berg des Nordschwarzwalds, leben in der Nähe des Dorfes Saschwalle Drachen und allerlei weitere Zauberwesen, die noch kein Dorfbewohner zu sehen bekam. Märchen und Mythen ranken sich nur um angeblich im Zauberflockenwald hausende geheimnisumwobene Feen und schreckliche, böse, hinterhältige Geschöpfe, von denen früher lebende Menschen erzählten. Von den echten Bewohnerinnen und Bewohnern des Zauberflockenwaldes, die freundlich und fröhlich sind und miteinan-

der in Frieden und Freundschaft leben, weiß man bis heute nichts.
Im Winter, bei Sonnenschein, glitzert der Zauberflockenwald wie Diamanten und lädt Menschen wie auch seine Waldbewohner zum fröhlichen Wandern, Ski- und Snowboardfahren ein.
Der über dem Zauberflockenwald über tausend Meter hoch aufragende Bergrücken der Hornisgrinde erstrahlt weniger glanzvoll. Selbst bei schönstem Glitzerschnee ist es auf dem moorigen Gipfel mit seinen kleinen windschiefen Krüppelbäumen und niedrigem Buschwerk immer unheimlich und düster.
Man munkelt im Dorf, dass dort das größte Ungeheuer im ganzen Schwarzwald lebe: Ein dreiköpfiger feuerspuckender Drache, dessen grausiges Gebrüll vor allem in eisigen Winternächten bis in Saschwalle zu hören sein soll.
Was auch niemand weiß, ist, dass auf der Hornisgrinde tatsächlich noch immer ein Drache lebt. Es ist jedoch kein grausamer Menschenfresser, sondern ein sehr einsamer und trauriger alter Drache, den keiner liebhat, da ihn keiner kennt und deshalb natürlich auch niemand mit ihm befreundet sein will.
Normalerweise hört man im Zauberflockenwald nur Menschen reden und lachen, die während der warmen Jahreszeit zum Wandern kommen und im Winter den Schnee genießen.
Eines Tages, kurz vor Weihnachten, aber schallt es auf einmal: „YEEEEAAAHHHH, wer als Erster beim

goldenen Drachenei ist, hat gewonnen!“, durch den Zauberflockenwald und schon saust Seppi, ein kleiner blauer Flugdrache, inmitten eines feinen Schneenebels auf seinem knallroten Snowboard einen dick verschneiten Hang hinunter. Welch‘ Wunder, dass sein hellgrünes Käppi bei dem Tempo noch auf dem Kopf sitzt.

Etwas gemächlicher und unsicher fährt Lotta Dachs auf ihren Ski hinterher. „Seppi, warte auf mich!“, ruft sie, doch Seppi Flugdrache ist ihr bereits weit voraus.

Fred Hase, ein blitzschneller Hüpfer mit großen Hasenzähnen und Hornbrille, hoppelt in weiten Sprüngen mit seinen Schneeschuhen hinter Lotta Dachs. „Lotta, lass das Rumfuchteln und gib Gummi!“ lispelt er durch die Lücke zwischen seinen langen Schneidezähnen und versucht, an der vorsichtigen Skifahrerin vorbeizuhüpfen.

Leider funktioniert es nicht, da die zarte und immer sehr schick gekleidete Ella Eichhörnchen elegant zwischen Fred Hase und Lotta Dachs auf ihren Langlaufski tänzelt.

Ella Eichhörnchen liebt es, sich in rosa Tüll zu kleiden, geschmückt von ihrer quietschgelben Umhängetasche, in der sich ihr Glitzer-Labello befindet.

Dennoch möchte sie natürlich auf solche Abenteuer wie Schneewettfahrten mit ihren Freunden nicht verzichten. „Fred, nun lass doch Lotta in Ruhe, sonst passiert noch ein Missgeschick“, meint sie altklug und schaut Fred Hase streng an. Der seufzt auf. Er kann mit der süßen kleinen Ella Eichhörnchen nicht streiten, dazu ist er einfach zu gutmütig.

Als die drei Freunde am Breitenbrunnen ankommen, sehen sie, dass Seppi Flugdrache wie eine Statue erstarrt dasteht.
„Was ist Seppi? Alles klar?“, fragt Fred Hase. Seppi Flugdrache aber bringt vor entsetztem Staunen kein Wort heraus.
Nun schauen auch die drei Freunde in die Richtung, in die Seppi Flugdrache die ganze Zeit fassungslos stiert. Jetzt sehen sie es auch: Auf der großen weißen Glitzerwiese ist das goldene, prachtvoll geschmückte Drachenei, das dort jedes Jahr kurz vor Weihnachten aufgebaut wird, mitsamt seinem kostbaren Sockel verschwunden.
Das Drachenei ist für die Menschen unsichtbar und bedeutungslos, aber für alle Bewohner des Zauberflockenwaldes bedeutet es sehr viel. Ohne das Drachenei gibt es für diese zauberischen Wesen kein Weihnachten.
„Ach, du Schreck!“, schnauft Lotta Dachs, außer Atem von ihrer beschwerlichen Skifahrt. „Wo ist denn unser goldenes Drachenei hin?“
„O, nein, was machen wir nun?“, lispelt Fred Hase dazwischen, der so schnell auf seinen Schneeschuhen näher hopst, dass ihm die Brille auf die Nasenspitze rutscht. Aus Gewohnheit schiebt Lotta sie ihm schnell wieder an die Stirn zurück.
„Was passiert nun mit unserem Weihnachtsfest?“, quietscht Ella Eichhörnchen laut und sogar ihr Tüllkleid hüpft hektisch auf und ab.
„Freunde, wir müssen unser goldenes Drachenei wieder finden, egal, wer es gestohlen hat, bevor es

alle anderen Bewohner des Zauberwaldes erfahren."
Seppi Flugdrachens Entsetzen hat sich in mutige Entschlossenheit verwandelt.
Fred Hase, der schon immer gern den Detektiv gespielt hat, rümpft plötzlich die Nase und schnuppert gleichzeitig in der Luft. „Es stinkt hier irgendwie", meint er. „Es riecht irgendwie verkohlt. Riecht ihr das auch?"
„Leute, Leute, schaut mal da auf dem Boden. Habt ihr schon mal solch riesige Fußabdrücke gesehen?", ruft Lotta Dachs aufgeregt.
Alle vier schnüffeln gleichzeitig in die Luft und begucken die langen, breiten Spuren im Schnee, doch einer nach dem anderen schüttelt den Kopf. Sie riechen zwar, was Fred Hase gerochen hat und sehen, was Lotta Dachs entdeckt hat, aber was es zu bedeuten hat, das verstehen sie nicht.
In diesem Moment donnert es fürchterlich und es fängt heftig an zu schneien.
Gewitterdonner mitten im Winter bei dickstem Schnee? Wo gibt's denn so was?
Während Ella Eichhörnchen sich vor Angst an Lotta Dachs drückt und Fred Hase einen Luftsprung macht, dass er schon wieder die Brille verliert, stößt Seppi Flugdrache einen kleinen Feuerstrahl aus, der verrät, wie aufgeregt er ist, obwohl er sich nichts anmerken lassen will.
„Ich glaube, ich weiß, wem diese Riesenfußspuren gehören und warum es hier so verbrannt riecht", murmelt er und schaut in Richtung Hornisgrinde.

„Es kann nur jemand von uns Zauberflockenwäldlern sein. Andere können unser Drachenei ja gar nicht sehen.“
„Und es muss jemand sein, den wir alle noch nie gesehen haben“, lispelt Fred Hase und putzt mit seinen langen Ohren den Schnee von seiner Brille. „Sonst wüssten wir ja, wer solche Riesenlatschen hat.“
„O, nein“, jammert Ella Eichhörnchen und versteckt sich hinter Lotta Dachs, „das kann doch nicht wahr sein.“
Auch ihre Freundin ahnt, wer gemeint ist. „Bist du dir da auch ganz sicher, Seppi?“
„Ja, es kann nur der böse Drache sein, der auf der Hornisgrinde lebt und den noch keiner von uns gesehen hat“, sagt Seppi Flugdrache und schaut alle um sich herum an.
Für einen Moment wird es ganz still. „Wir sind Freunde und wir lassen nicht zu, dass uns das Weihnachtsfest gestohlen wird. Wir holen uns unser goldenes Drachenei wieder!“, poltert Seppi Flugdrache schließlich und schaut seine drei Freunde mutig an.
„JAAAAA!“, schreien Lotta Dachs, Fred Hase und Ella Eichhörnchen gemeinsam im Chor.
Zuhause in ihren Bauten und Höhlen packen die vier Abenteurer ihre Rucksäcke und schnallen sich in Windeseile Schneeschuhe an. Lotta Dachs packt für alle etwas zu essen ein und Seppi Flugdrache ist für eine Leuchte zuständig. Die werden sie bei der rasch hereinbrechenden Dämmerung dringend brauchen.

Ella Eichhörnchen trägt schnell noch einmal ihren Glitzer-Labello auf, damit ihre Lippen nicht unter der Kälte leiden, und Fred Hase putzt hurtig nochmals seine Hornbrille. Dann geht es los.
Draußen schneit es immer noch sehr. Seppi Flugdrache schaltet die Taschenlampe an, die er sich um den Kopf geschnallt hat, damit alle besser sehen können. Zügig trampeln sie durch den Tiefschnee und den steilen Weg zur Hornisgrinde hinauf, zu dessen beiden Seiten dick verschneite Büsche und Sträucher aussehen, als wollten sie nach den vier Drachenei-Suchern greifen. Alle sind froh über das Licht aus Seppi Flugdraches Stirnlampe.
Auf dem Gipfel saust ein eiskalter Wind durch die immer dunkler werdende Dämmerung. Ächzende Geräusche ertönen, die sich anhören wie ein entsetzliches Stöhnen.
„O, Manno Mann!", bibbert Fred Hase und greift nach der Pfote seiner lieben Freundin Lotta Dachs. Seppi Flugdrache aber stapft weiter tapfer voraus und Ella Eichhörnchen genießt den Windschatten hinter ihm.
„Wo könnte sich denn der große böse Drache versteckt haben?", murmelt Seppi Flugdrache irgendwann und schaut sich um. Überall gibt es nur vereiste krumme Bäume und Schneehügel zu sehen.
„Seppi", piepst Ella Eichhörnchen aufgeregt, „meinst du, er könnte sich auf dem alten Hornisgrindeturm verstecken? Vielleicht finden wir dort auch unser goldenes Drachenei?"

„Da könntest du Recht haben, Ella“, meint Lotta Dachs. Gegen den Wind geduckt, stapfen die vier Freunde gemeinsam weiter in Richtung des Hornisgrindeturms, während der Wind um ihre Ohren saust und gruselig orgelt.
Nach einer Weile erreichen sie ihr Ziel und sehen zusammen an den dick verschneiten und vereisten Wänden bis zu der Turmspitze hinauf. Wie aus Zuckerguss sieht der Turm aus. Nur ein paar schwarze Stellen zeigen an, dass sich dort die Fenster der Turmstube befinden müssen, an denen des Eis nicht haften geblieben ist.
In stiller Einigkeit schauen sich die Freunde an, nicken sich wortlos zu und schreiten dann rasch und entschlossen die Treppe zum Turm hinauf. Dunkelheit umgibt sie, aber dank Seppi Flugdraches großer Stirnlampe sehen die Freunde gut genug.
Plötzlich hält Seppi Flugdrache, der vorangeht, an und lauscht.
„Hört ihr das?“, fragt er seine mutigen Gesellen und horcht weiter.
Jetzt vernehmen sie es auch. Dort oben ist jemand. Jemand singt. Ein lautes, fröhliches Lied mit krummen und schiefen Tönen erschallt von oben.
Fred Hase muss plötzlich lachen. Lotta Dachs hält ihm schnell sein Mäulchen zu, doch auch Ella Eichhörnchen grinst leise kichernd vor sich hin und ihr Tüllrock wippt im Takt zum Gesang.
Neugierig schleichen die Freunde die letzten Treppenstufen nach oben und lugen um die Ecke. Fast

trauen sie ihren Augen nicht. Doch da oben singt wahrhaftig ein komisch tanzender Drache mit drei Köpfen.
Keiner der Drachenei-Sucher sagt etwas, da alle nicht wissen, was sie dazu sagen sollten. Nur einen Gedanken haben sie: Das soll der fürchterlich gefährliche Drache sein?!
Seppi Flugdrache geht als erster auf den Drachen zu und klopft ihm auf den Schwanz. Das ist die höchste Stelle, die der kleine Flugdrache erreichen kann. „Hey, du! Sag mal, bist du tatsächlich dieser mysteriöse böse Drache von der Hornisgrinde?“
Erschrocken dreht sich der dreiköpfige Drache um und flüchtet sich sofort in eine Ecke der Turmstube.
„Der hat ja Angst vor unserem Seppi“, flüstert Ella Eichhörnchen hinter ihrer Freundin Lotta Dachs.
„Ja“, stottert auf einmal einer der drei Drachenköpfe, während die beiden anderen qualmend nicken, „der alte Drache vom Hornisgrinde-Moor bin ich, aber böse bin ich nicht.“
Ella Eichhörnchen fasst sich ein Herz. „Wie heißt du denn?“, fragt sie und hüpft auf den ängstlichen Drachen in der Ecke zu.
Fred Hase schnuppert prüfend in die Luft. Ah, ja, genau, diesen Mief nach verbranntem Irgendwas hat er auf der großen Schneewiese gerochen, auf der das goldene Drachenei stand, ehe es jemand geklaut hatte. Jetzt ist Fred Hase sicher, wer dieser Jemand war. Seppi Flugdrache hatte Recht. Es war tatsächlich der alte Drachen.

Lotta Dachs scheint das Drachenei vergessen zu haben. Neugierig eilt sie hinter Ella Eichhörnchen her und beäugt die drei Köpfe des Drachen aus der Nähe.
Keiner gleicht dem anderen. Einer hat zwei gebogene Ziegenbockhörner. Einer hat eine Matte wie ein Schaffell über der Stirn. Einer hat einen dicken Rauschebart aus klimpernden Drachenhautschuppen. Aber alle drei haben große schwarze Augen, die in der Mitte wie rote Kohlestücke glühen.
„Wie heißt du denn?", fragt Lotta Dachs und weiß nicht, ob ein Drache mit drei Köpfen nun ein einziger Drache ist oder ob er aus drei Drachen mit einem gemeinsamen Bauch besteht.
„Ich heiße Valentin", stellen sich die drei Drachenköpfe einstimmig vor und betrachten zuerst Lotta Dachs und danach das Vierergespann der magischen Tiere mit ihren sechs Augen schon etwas mutiger. „Und wer seid ihr?"
Seppi Flugdrache antwortet zuerst: „Das sind Lotta Dachs, Ella Eichhörnchen und Fred Hase. Und mein Name ist Seppi. Ich bin ein Flugdrache, wie man sieht. Wir suchen unser goldenes Drachenei."
„Und ich denke, du weißt ziemlich genau, wer es hat und wo es ist. Stimmt's, du Dreierleskopf?" Fred Hase hat keine Lust mehr auf Höflichkeit. Und Angst vor diesem komischen Drachen Angsthase hat er schon gleich dreimal nicht. Mit beiden Armen in den Seiten baut er sich so groß er kann vor dem Drachen auf.

Beschämt senkt der große Drache in der Ecke alle sechs Augen und schaut zu Boden. „Ja“, flüstert einer der Köpfe leise, während eine dicke Träne aus einem Auge seines Ziegenbockhörnerkopfs tropft. „Ich habe es mitgenommen. Ich, – ich, – ich will, ich meine, ich wollte doch auch einmal in meinem Leben Weihnachten feiern.“
Ungläubig schauen sich die Freunde an. Weihnachten feiern? Einmal im Leben? Was redet der denn da? Weihnachten gibt's schließlich jedes Jahr. Und der Drachen ist uralt.
Nur Ella Eichhörnchen schlägt sofort mitleidig die Pfötchen zusammen. „Was?“, quietscht sie. „Du kennst kein Weihnachten? Das ist ja so traurig.“
„Nein“, erwidert der Drache. „So etwas Schönes habe ich noch nie erlebt. Alle denken, ich wäre böse und gemein. Deshalb will niemand etwas von mir wissen. Also habe ich gar keine Freunde und wurde noch nie zu einem Weihnachtsfest eingeladen.“
Einer nach dem anderen schauen sich die Freunde an. So etwas kann sich keiner von ihnen vorstellen.
Seppi Flugdrache geht langsam auf den Drachen zu, um ihm keine weitere Angst einzujagen. „Wir sind auch nicht böse. Wir sind nicht mal mehr sauer auf dich, weil du unser goldenes Drachenei geklaut hast. Wir verstehen dich jetzt. Wenn du magst, können wir Freunde werden.“
„Genau“ stimmen Ella Eichhörnchen, Lotta Dachs und Fred Hase zu. „Zusammen ist das Leben schöner und man hat immer jemanden, der einem hilft.

Und wir würden uns freuen, wenn wir einen weiteren Kameraden in unserer Runde haben."
Ungläubig schaut der große Drache auf Seppi Flugdrache und die anderen herunter. „Meint ihr das wirklich?", fragt er entzückt. „Ihr wollt mit mir befreundet sein?"
„JAAAAA!", hallt es fröhlich von allen zurück.
„Und du bist selbstverständlich zu unserem Weihnachtsfest auf der Glitzerwiese am Breitenbrunnen eingeladen. Dort feiern wir immer alle zusammen Weihnachten", lädt Seppi Flugdrache den großen Drachen ein und schaut ihm freundlich in die sechs Augen.
Valentin kann vor großer Freude keinen Ton hervorbringen. Dicke Tränen kullern aus allen seinen Augen, während er seinen vier neuen Freunden überglücklich zunickt.
Gleichzeitig hört es draußen auf zu stürmen und zu schneien und die Sonne strahlt durch die fast zugefrorenen Turmstubenfenster herein.
Gemeinsam mit dem großen Drachen holen Seppi Flugdrache, Fred Hase, Ella Eichhörnchen und Lotta Dachs das wundervolle goldene Drachenei mitsamt dem unversehrten Sockel aus seinem Versteck im Hornisgrindeturm. In einer Vordertatze des großen Drachen sieht es wie ein kleines Schokoladenei in Goldpapier aus.
In der anderen Tatze machen es sich Valentins neue Freunde bequem. Dann steigt er mit ihnen und dem Drachenei die Hornisgrinde hinunter.

Schon nach ein paar Schritten, die sich wie Donnergrollen anhören und Schneebretter zu Tal jagen, sind sie auf der großen weißen Glitzerwiese angekommen. Valentin erhellt mit ein paar Feuerfunken die Dunkelheit, damit er und seine neuen Freunde sehen können, wo das Drachenei aufgestellt werden muss. Am richtigen Platz fegt Valentin den Schnee mit seiner Schwanzspitze ein wenig beiseite. Danach stellen die fünf Freunde den Dracheneisockel und das Drachenei auf den gewohnten Platz. Wunderschön sieht es aus.
Schon einen Tag später feiert Valentin Drache mit seinen neuen Freundinnen und Freunden und sämtlichen anderen magischen Bewohnerinnen und Bewohnern des Zauberflockenwalds sein allererstes wunderbares Weihnachtsfest.
Munter und fröhlich singen sie wilde Weihnachtszauberlieder und tanzen dazu um das goldene Drachenei. Dazu trinken sie Drachenpunsch, den Valentin mit seinem Feueratem aufgewärmt hat und naschen von all den Köstlichkeiten, die es im Zauberflockenwald gibt und erfreuen sich miteinander an ihrer schönen neuen Freundschaft.

Winterweg unterhalb des Gleitschirmfliegerplatzes an der Zuflucht, Foto: Luisa Huber

## Es war Winter, Nikolaustag, und er hatte noch kein Mobiltelefon

*Raimund Müller*

„Klatsch!" Er schlägt die Beifahrertür seiner Fahrgemeinschaft zu, sieht sich um. Seine Frau holt ihn hier an der kleinen Haltebucht der Straße nach Sasbachwalden immer ab. Noch ist seine Frau jedoch nicht da. Egal. Bestimmt kommt sie gleich.

Er lacht in die wirbelnden Flocken. „Dann geh‘ ich ihr ein Stück entgegen“.
„Mit dem Gepäck?“, hört er die Stimme seines Kollegen aus dem Auto. „Warte, bis deine Frau eingetroffen ist. Das wird schlimmer; habe den Wetterbericht gehört!“
Dichtes Schneetreiben hat längst eingesetzt. „Nein, ist in Ordnung, ich brauch sowieso noch ein wenig frische Luft“.
In Wahrheit freut er sich wie ein Bub über den unerwarteten Schnee. Er könnte hindurchstapfen, Spuren hinterlassen, Schneebälle gegen die Straßenschilder donnern – natürlich unbeobachtet. Schließlich ist er 42, Beamter, Vater von fünf Kindern! Oder mal wieder den eigenen Namen in den Schnee pinkeln? Er grinst. Aber erst außerhalb der Ortschaft, denkt er. Und bis dahin hätte ihn sein Schatz eingeholt.
Er packt die klobige Aktentasche in die Rechte, wirft das in einen Sack geschnürte Bündel Geschenke über die Schulter seines Wintermantels und stapft los.
Die Luft ist eiskalt erfrischend. Scheinwerfer des Feierabendverkehrs tasten ihn ab oder verschwinden im Flockengewirbel. Er weicht auf den linken Straßenrand aus, damit sein Schatz ihn sogleich sähe und halten könnte.
Ist es nicht märchenhaft, durch die schneebedeckte Flur nach Hause zu stapfen? Wann in den seit langem immer wärmer werdenden Wintern hätte er je wieder Gelegenheit, dies zu genießen?

Der Verkehr nimmt ab, das Schneetreiben zu, die Lichter der Stadt, in der er arbeitet, liegen weit hinter ihm. Herrlich diese Stimmung.
Er genießt seine Wanderung, hört in sich hinein, spürt sein Herz schlagen, fühlt den Atem, die Flocken im Gesicht, die als Wasser in den Vollbart tropfen. Mit niemandem will er jetzt tauschen. Nur die Gepäckstücke wechseln die Hände. Aktentasche links, Geschenkbündel rechte Schulter.
Kommt da nicht ein weißer VW-Bus auf ihn zu? Das müsste seine Frau sein. – Nein, war sie nicht!
Der Weg zieht sich ja doch ganz schön hin, stellt er fest. Im Auto fiel ihm das nicht auf. Bündel linke Schulter, Aktentasche rechts. Ob seine Frau bereits an ihm durch, an ihm vorbeigefahren ist, ihn im Schneetreiben nicht gesehen hat? Hatte sie ihn etwa gar vergessen?
Er ist jetzt schon fast eine Stunde unterwegs.
Links – Rechts! War die Tasche immer so schwer? Seine Füße sind Eisklumpen, die Finger in den Handschuhen schmerzen, Schweiß läuft ihm unter der Pelzkappe in den Bart und gefriert augenblicklich zu Eiszapfen. Rechts – Links! Die Geschenke wiegen wie Wackersteine.
„Dreckswetter!", schimpft er. „Verdammt nochmal, wo bleibt sie denn?"
Jetzt beginnt die freie Fläche, kein schützendes Haus, nicht einmal ein Baum. Die kleinen Kristalle verwandeln sich in scharfkantige Eisklumpen, die sein Gesicht zerschneiden und ihm im stürmenden

Wind den Atem rauben. Noch drei Kilometer bis Sasbachwalden!
Links – Rechts! Die Finger wollen nicht mehr. Soll er den ganzen Krempel in den Schnee werfen? Hier kommt heute kein Mensch mehr vorbei und seine Frau auch nicht, das hat er mittlerweile begriffen.
„Wahrscheinlich quatscht sie wieder mit ihrer Freundin und hat mich total vergessen."
Zorn verzerrt sein Gesicht, das Bild seiner gerade jetzt gemütlich mit einem Glas Wein am Kamin sitzenden und telefonierenden Frau vor den inneren Augen. „Na, die kann sich auf ein Donnerwetter gefasst machen."
Seine Nase läuft, er schnieft und schnaubt, torkelt über weiße Unebenheiten, stolpert, schlägt der Länge nach hin. In diesem Moment könnte er seine Frau in der Luft zerreißen.
Mühsam rappelt er sich auf, zerrt Tasche und Geschenkesack aus dem Tiefschnee. Er strengt sich an, um die eiskalten, schmerzenden Finger zu krümmen. Sie gehorchen nur widerwillig. Gepäck rechte Schulter, – links die Tasche.
Auf die Zähne gebissen! Noch zwei Kilometer. Der Straßenverlauf ist nur noch an den Leitpfosten zu erkennen.
Eine gute Stunde später stapft er durch den tief verschneiten Garten seines alten Bauernhauses.
Der Schneesturm hat sich gelegt, nur noch leise rieseln die Flocken.
Er drückt seine Nase an dem hell erleuchteten Küchenfenster platt.

Dahinter steht sein Schatz, eifrig dabei, mit den Kleinen Teig auszuwalken, Brötchen auszustechen und Nüsse aufs Gebäck zu drücken. Das Herz geht ihm auf.

Er klopft an die Scheibe.

Erschrocken fahren die Kinder herum, starren hinaus, staunen ihn an, erkennen den Papa mit dem Eiszapfenbart nicht und brechen doch alle fünf in lauten Jubel aus: „Mama, schau, der Nikolaus ist da!"

Magische Lichtmomente am Schliffkopf, Foto: Axel Jost

## Die seltsame Reise von Mia und Nico

*Ruth Kirmaier*

Ist das alles wirklich passiert?
Es ist schon eine ganz besondere Geschichte, die Mia und Nico da widerfahren ist. Kaum jemand könnte ihnen wohl glauben, wenn sie davon berichten würden. Aber die beiden haben jedenfalls ihre eigene Meinung darüber. Nur die Trauerweide könnte vielleicht ihre Geschichte bestätigen, doch sie ist ein sehr verschwiegener Zeuge.
Es ist drückend heiß heute. Mia hat sich in die dämmrige Blätterhöhle der Weide geflüchtet. Sie

blickt nach oben und lässt ihre Augen über die dichten Zweige des alten Baumes wandern, dessen Zweige sich rundherum wölben und bis auf den Boden reichen. Sie liebt ihren Unterschlupf, fühlt sich in seiner schattigen Stille geborgen. Nur das leise Plätschern des kleinen Baches dringt ein in diese Ruhe.
Plötzlich ein Rascheln der Zeige und Nico kommt leicht gebückt herein, sein Gesicht erdbeerrot von der Hitze. Er lässt sich neben Mia auf dem Boden nieder, legt seinen Kopf auf die Knie und stöhnt: „Wow, ist das eine Megaaffenhitze heute. Da hab ich null Bock auf nichts, obwohl das ja heute unser erster Ferientag ist."
Mia nickt schweigend, legt sich zurück und verschränkt die Arme hinter dem Kopf.
Langsam dringt die heiße Luft ein, macht sich in ihrer Höhle breit und legt sich schwer wie Blei auf Kopf und Glieder. „Morgen gehen wir baden", murmelt sie und schließt die Augen, sie fühlt sich müde, unendlich müde.
Auf ihren Lidern tanzen die Lichtpunkte, die die Sonne durch die Blätter wirft. Bilder gehen ihr durch den Kopf: Von ihrem Papa, der so viel fröhlicher ist, seit er wieder Arbeit hat und von ihrer kleinen Schwester Julia auf der Schaukel, wenn ihr blonder Lockenkranz nach oben fliegt. Bilder auch von der Mama, die lieb ist, aber manchmal ganz schön nerven kann: Sie ist immer viel zu besorgt, wegen allem, wegen ihr, der Schule, dem Smartphone.

Jetzt hört sie Nicos leise, regelmäßige Atemzüge. Er ist ihr Freund, schon immer gewesen. Er wohnt im Nachbarhaus mit seinen Eltern und seinen zwei Brüdern, die schon groß sind und ziemlich alt. Auf Nico ist Verlass. Sie gehen zusammen ins Schwimmbad, spielen Tischtennis und Fußball, und manchmal verkloppen sie sich, aber nicht wirklich fest, nur so ein kleines bisschen.
Nun spürt auch Mia, wie die Müdigkeit sie wie eine große Welle überspült. Der würzige Geruch von Erde und Gras steigt ihr in die Nase, und sie fühlt wie ihr Körper sich entspannt; ihre Arme und Beine werden leichter, ihr Kopf scheint zu schweben. Da erklingt leise eine süße zarte Melodie, umhüllt Mia sanft und lässt sie wie auf einer großen Welle schaukeln.
Und obwohl Mia die Augen fest geschlossen hat, sieht sie den Baum über sich, sieht wie das Blätterdach immer dichter wird, eine undurchsichtige Wand, wie eine große grüne Glocke. Mia ist verwirrt, sie weiß nicht, ob sie wach ist oder träumt. Alles um sie herum und alles in ihrem Kopf vermengt sich zu einem großen grünen Strom, der durch ihren Körper fließt, immer schneller, rauschender. Dann spürt sie, wie sie sich fortbewegt, diese Glocke, immer schneller, immer rasender. Seltsam, trotzdem bleibt Mias Körper ruhig und entspannt liegen.
Wie lange diese Reise dauerte, hätte Mia später niemals mehr sagen können. Waren es Sekunden, Stunden, Tage?

Doch irgendwann lässt das Tempo der Glocke nach, dann scheint sie nur noch zu schweben und bleibt schließlich mit einem Ruck stehen. Irgendwo hat sie wohl aufgesetzt.
Jetzt ist Mia hellwach und dreht den Kopf zu Nico, der leise schnarcht. Sie rüttelt fest an der Schulter, bis er sich aufrichtet und verschlafen blinzelt. „Was ist denn los, Mia, hab ich gepennt?“ Nico reibt sich die Stirn.
„Nicht zu fassen, du hast nichts mitgekriegt?“ Mia reißt die Augen auf und zeigt mit zitternden Fingern auf die Glocke. „Sieh mal genau hin. Merkst du die Veränderung? Etwas ist geschehen mit uns, mit dem Baum, vielleicht mit unserer Welt!“
„Waaas soll sein?“ Nico wedelt mit der Hand vor Mias Gesicht herum. „Träumst du oder spinnst du?“
Mia schiebt seine Hand weg und stemmt sich mit einem Schwung in die Höhe. „Ich werde dir gleich beweisen, dass hier was ganz und gar nicht stimmt.“ Ihre Stimme zittert leicht vor Aufregung.
Vorsichtig drückt sie mit der flachen Hand gegen die grüne Blätterwand, worauf geräuschlos eine Öffnung erscheint, groß wie eine Tür. Mia tritt ins Freie und hält den Atem an vor Schreck: Vor ihr liegt eine Winterlandschaft. Schnee bedeckt den Boden und die Bäume, soweit das Auge reicht. Darüber spannt sich ein dunkler Himmel, schwer wie eine Decke aus Blei.
Jetzt ist auch Nico an der Öffnung und guckt Mia über die Schulter. „Nein“, stammelt er, „nein, das

gibt's doch gar nicht, wir sind doch wach, oder? Kneif mich mal."
Mia schüttelt den Kopf. „Nicht nötig, das alles hier ist kein Traum." Sie packt Nico fest am Arm: „Ich hab Angst", flüstert sie.
„Ich auch." Nicos Stimme klingt dünn.
„Was sollen wir jetzt tun?" Mia hebt fragend die Schultern an.
„Erst mal losmarschieren. Was können wir sonst tun?"
„Aber in unseren Sommerklamotten?" Mia sieht auf ihre Füße, die nackten Zehen in den Sandalen.
„Ja, checkst du`s nicht? Wir spüren gar keine Kälte. Sieh mal", Nico schiebt seinen Fuß durch den Schnee, „überhaupt nicht kalt, ich spür gar nichts an meinen Zehen."
Nico zieht die Stirn in Falten. „Wir sind in einem verwunschenen Land. Klingt eigentlich lächerlich, weil es so etwas doch gar nicht gibt, nicht geben darf. Nicht, wenn man seinen Verstand gebraucht." Seine Stimme wird immer dünner. Er steckt die Hände in die Taschen seiner Jeans und sieht ratlos aus, mit den Sorgenfalten auf der Stirn.
„Los", Mia greift entschlossen nach seiner Hand, „wir gehen jetzt einfach mal los, müssen wir ja, wir haben keine Wahl. Irgendwo werden wir hoffentlich auf Menschen treffen."
„Wen oder was wir auch treffen, Außerirdische, Dinosaurier oder bloß Ameisen, jedenfalls spüren wir wirklich keine Kälte, das ist schon mal gut",

meint Nico, während er neben Mia durch den Schnee stapft.
Sie laufen und laufen, der Wald will nicht enden. Sie haben kein Zeitgefühl, keine Uhr dabei und könnten auch im Kreis laufen, so wenig Orientierung haben sie.
Es ist still um sie herum, kein Laut ist zu hören, kein Vogel zwitschert. Nur das leise Knirschen ihrer Füße im Schnee dringt an ihre Ohren. Irgendwann, nach langer Wanderung, als die Verzweiflung ihnen langsam wie ein dicker Kloß den Hals empor kriecht, bleibt Nico abrupt stehen. Er streckt den Arm aus und deutet in die Ferne: „Da, siehst du es auch, da ist was, ein schwaches Leuchten."
Mia guckt angestrengt in den Wald. „Ich sehe nichts, gar nichts."
„Doch, sieh mal den Himmel an. Da, ganz weit weg, ist ein heller Streifen am Horizont zu sehen!"
„Na, das ist aber ein schwacher Trost", meint Mia und stapft weiter.
Wieder laufen sie eine schier endlose Zeit durch den Wald.
„Ich kann nicht mehr, ich will nicht mehr, alles Laufen hier hat doch keinen Sinn. Wie sind wir denn nur hierher geraten und warum?" Mia lässt sich auf die Knie in den Schnee sinken, schlägt die Hände vor ihr Gesicht und weint.
Nico legt ihr eine Hand auf die Schulter: „Hör mal, Mia, wir müssen jetzt einen klaren Kopf behalten. Wir müssen einfach weiterlaufen und darauf hoffen,

dass alles noch gut wird." Wobei Nico selbst nicht so recht daran glaubt.
Mia schluckt, wischt sich mit dem Handrücken die Tränen aus dem Gesicht. „Du hast recht, Nico, entschuldige, ich bin ausgeflippt. Aber die Situation ist auch irre! Irgendein unheimlicher Zauber hat uns in diese seltsame, unfreundliche Welt katapultiert."
Nico fährt sich mehrmals mit den gespreizten Fingern durch die Haare, das macht er oft, wenn er nachdenklich oder ratlos ist. Er lässt sich neben Mia im Schnee nieder. „Mia, wir können nur weitermarschieren. Frieren müssen wir nicht, aber Hunger und Durst werden wir bald bekommen."
Also laufen die beiden weiter, mit einer großen Angst und einem Fünkchen Hoffnung im Herzen.
Und ganz plötzlich, wie abgeschnitten, ist der Wald zu Ende, und vor ihnen liegt ein weites verschneites Tal.
Der Himmel ist noch dunkel, aber in der Ferne scheint eine Bergkette in einen violetten Himmelsstreifen zu wachsen. Sehr hoch sind die Berge, wunderschön anzusehen, majestätisch in ihrer Pracht und sicher so alt wie die Ewigkeit. Und in der Mitte der Ebene steht ein einsamer riesiger Felsen. Sonst ist weit und breit nichts zu sehen.
Bald, nach einem weiteren Fußmarsch, stehen sie vor dem Felsen, der weiß und glänzend sehr hoch über ihre Köpfe in den Himmel ragt. Am Fuß dieses Felsens glänzt eine silbrige Tür, groß wie ein Kirchenportal.

Nico entdeckt an der rechten Seite der Tür einen kleinen schwarzen Knopf. Fragend sieht er Mia an. „Mach schon, drück drauf“, sagt Mina und hält vor Spannung den Atem an.
Mit einem leisen Surren öffnet sich das Portal. Es geht abwärts durch einen weißen Korridor in Windungen und Kurven. Sie gelangen zu einem kleinen kreisrunden Platz, der von glatten Felsen umschlossen ist. Auf dem Boden liegt ein feiner Kiesbelag. Nico scharrt mit den Zehen im Kies herum. „Wie geht es hier jetzt weiter?“ Er fühlt sich schrecklich hilflos und steht da, mit hängenden Armen.
Mia klopft mit der Faust an die Felswand. Nichts! Sie versucht es nochmals. Auch Nico klopft mit den Fäusten auf den Stein. Es passiert nichts. Er räuspert sich, dann ruft er so laut er kann: „Hallo, ist da jemand? He, he, hallo!“
Da geht wie von Zauberhand die Wand auf, nur einen Spalt breit, so dass die beiden hindurch schlüpfen können. Mit vor Aufregung heiß brennenden Ohren gehen sie gebückt weiter durch einen niedrigen schmalen Gang. An seinem Ende halten sie die Luft an vor Staunen. Vor ihnen liegt eine ausgedehnte unterirdische Welt in einer riesigen Höhle.
Es ist wie im Märchen: Die Häuser sind aus Stein, wenn auch eher klein, viele sind bunt angestrichen und von kleinen Gärten umgeben, gesprenkelt von bunten Blumen.

„Das ist unglaublich“, flüstert Nico beeindruckt, „eine unterirdische Welt, so groß, man sieht das Ende gar nicht.“
„Ja, und schau mal“, Mia wedelt aufgeregt mit der Hand, „das große Gebäude in der Mitte ist sicher ein Schloss. Und hinter der Stadt sind Wiesen und Felder, sogar Treibhäuser und ein kleiner blauer See sind zu sehen!“
Die beiden haben einen guten Blick auf die Stadt: Sie stehen hoch oben an einer langen Treppe. Unten angekommen, hat Nico hundert Stufen gezählt.
Abwartend bleiben sie jetzt stehen. Langsam öffnen sich einige Türen und seltsame, neugierig schauende Wesen schlüpfen heraus. Sie sind nicht sehr groß, aber schlank, und ihre Haut ist auffallend hell. Auch ihre Haare sind hell, einige sind weiß, aber auch viele blonde Lockenköpfe sind unter ihnen.
Erst zehn, dann immer mehr dieser Wesen kommen näher und mustern die beiden Kinder sehr vorsichtig. Auch die Älteren unter ihnen sind kaum größer als Nico, und der ist gerade mal dreizehn. Alle haben bleiche, schmale Gesichter und große, freundlich blickende dunkle Augen.
Der Erste, der die beiden erreicht, legt die Hand, wohl zum Gruß, an die Stirn: „Seid willkommen bei uns, Fremde. Wir sind Nunjas Volk und wir werden euch jetzt zu ihr führen. „Nunja“, erklärt er noch, wobei ein wenig Stolz in seiner Stimme mitschwingt, „ist unsere Königin.“

Schweigend, im Gefolge der kleinen Leute, gehen Mia und Nico durch die Straßen der Stadt, überall beobachtet von ähnlich aussehenden Wesen, von Nunjas Volk.
Die Straßen sind sauber, alles ist gut gepflegt. Aber am faszinierendsten ist das Licht: Es ist taghell in dieser unterirdischen Welt, überall stehen hohe Bogenlampen, die bis in den kleinsten Winkel alles gleichmäßig ausleuchten.
Nur, wenn man nach oben blickt, sieht man tiefe Schwärze, da verliert sich die Decke der Höhle in weiter Ferne.
Bald stehen sie auf einem großen Platz vor dem Palast. Vier schlanke Türme, an jeder Ecke einer, zieren den Palast, viele hohe Bogenfenster glitzern im Licht.
Das Schönste jedoch ist das Dach: Abwechselnd blau und golden sind die Ziegel des Kuppeldachs gefärbt und auch sie leuchten im Licht der Lampen. Vom Portal des Palastes führt eine breite Marmortreppe auf den Platz hinunter.
Auf der obersten Stufe steht eine schlanke Frau, an der Hand hält sie ein kleines Mädchen. Beide tragen einfache blaue Kleider, die bis auf die Füße reichen.
Nunja winkt den Kindern, näher zu kommen. Etwas zögernd ersteigen Mina und Nico die Stufen, bis sie vor der Königin stehen.
„Seid willkommen in meinem Reich. Dies hier ist meine Tochter Linja.“ Sie streicht der Kleinen liebevoll über das Haar. „Bitte, nennt mir eure Namen.“

Mia und Nico stellen sich vor.
„Ihr habt eine lange Reise hinter euch", sagt Nunja, „also werdet ihr hungrig und durstig sein. Ich bitte euch in mein Haus, ihr seid meine Gäste."
Mia und Nico sehen sich nur an, stumm vor Staunen, und Nico fährt sich vor Aufregung mehrmals durch die Haare.
Sie betreten eine Halle. Auf dem Fußboden liegen bunte Teppiche, und die weißen Wände ringsum sind mit schönen Malereien geschmückt. In der Mitte hängt ein mehrarmiger Leuchter über dem großen Esstisch. Nunja zeigt mit einer anmutigen Geste zum Tisch, auf dem Brote, Früchte, Kuchen und vieles mehr bereitstehen.
Mia und Nico haben einen Riesenhunger und lassen sich all die guten Sachen auf dem Tisch schmecken. Endlich sind sie beide satt und sehen vom Tisch auf, sehen in Nunjas gütiges Gesicht und verlieren ein wenig ihre Schüchternheit.
Wie im Chor fragen Mia und Nico gleichzeitig: „Können Sie uns sagen, was für ein Land das hier ist und wie wir hier hergekommen sind?"
„Bitte, Königin Nunja," setzt Mia noch nach. „Und wir möchten uns auch bedanken für den freundlichen Empfang und das gute Essen."
Nunja neigt ein wenig den Kopf. Ein feiner Goldreif schmückt ihre Haare. „Ihr seid im Land eurer Träume", antwortet sie.
„Das klingt ja ganz toll und hier ist es sicher auch sehr schön, aber ich, äh…ich will nicht unhöflich sein,

wie kommen wir wieder nach Hause?" Nico reibt sich verlegen die Stirn, die hochrot geworden ist. Nunja lächelt fein, ihr freundliches Gesicht zeigt Verständnis. Sie verschränkt ihre schmalen blassen Finger ineinander und lehnt sich mit einem leisen Seufzer in ihrem Sessel zurück.

„Ich werde mich bemühen, eure Fragen zu beantworten, wenigstens, soweit ich kann. Zuerst: Ich weiß nicht, was euch hierhergeführt hat, aber ich werde dafür sorgen, dass ihr bald wieder zurückkehren könnt in eure Welt. Ich hatte kürzlich einen Traum, in dem mir ein helles Licht den Weg nach oben zeigte, heraus aus unserer unterirdischen Welt. Und ich träumte auch, dass wir bald wieder in unserer alten blühenden und wunderbar friedlichen Welt leben können. Ich habe so eine Ahnung, dass dieser Traum und dieses Licht mit euch in Verbindung stehen. In unserer früheren Welt lebten wir glücklich und zufrieden, bis eine mächtige und böse Kraft unser Land zerstört hat. Es wurde kalt und immer kälter. Eis und Schnee überzogen alles. Ewiger Winter herrscht jetzt dort. Ihr habt es ja gesehen. Wir konnten in dieser unmenschlichen Umwelt nicht überleben. Ihr allerdings könnt die Kälte nicht spüren, da ihr nicht zu unserer Welt gehört. Und so mussten wir uns eine künstliche Welt hier unten erschaffen. Wir haben viele kluge und fähige Leute in unserem Volk, die dafür gesorgt haben, dass wir überleben können. Ohne Sonne jedoch werden wir langsam immer schwä-

cher und kränker. Lange kann es so also nicht mehr weiter gehen."
„Und dagegen kann man gar nichts machen?" Nico schüttelt traurig den Kopf.
Nunja legt ihre Hände zusammen: „Ich verrate euch ein Geheimnis: Ich besitze einen kleinen Zauberspiegel, von dem außer meiner Tochter niemand etwas weiß. Irgendjemand in meinem Reich hat die Macht, uns zu zerstören. Könnte ich ihm meinen Zauberspiegel vors Gesicht halten, würde er seine ganze Kraft sofort verlieren. Leider aber habe ich nur einen einzigen Versuch. Danach ist der Spiegel wertlos."
Linja, die kleine Prinzessin, beugt sich weit über den Tisch, ihre schönen blonden Locken fallen ihr über die Stirn und sie zeigt mit ihrer Hand auf Nico und Mia: „Ihr kommt ja aus einer anderen Welt, vielleicht habt ihr eine Idee oder einen Vorschlag?"
Aufgeregt fährt Linja fort. „Ich kann mich gar nicht mehr erinnern, wie unser Leben vorher war. Ich war noch zu klein, als uns alle dieses Unglück traf. Aber niemand lebt gern hier unten und das macht mich traurig."
„Nein, wir können euch sicher nicht helfen, das tut uns so leid." Mia hat Tränen in den Augen, als sie das sagt.
„Verdammter Mist!", meint Nico „Eh, Entschuldigung, ist mir so rausgerutscht." Es ist ihm ein wenig peinlich. Immerhin ist Nunja eine sehr feine Königin, denkt er.

„Mia und Nico, ihr beide seid sicher nach dieser aufregenden und weiten Reise müde. Ich habe für euch zwei Gästezimmer im oberen Stockwerk richten lassen. Die Zimmer sind klein, aber gemütlich und ihr werdet dort alles finden, was ihr für die Nacht braucht."

Als alle vom Tisch aufstehen, kommen zwei Gestal ten die Treppe hinunter, die in die Halle führt.

Nunja zeigt auf den Mann, er ist größer und älter als sie und hat einen weißen Bart, der über seinen grauen Mantel bis auf den Gürtel wallt. Seine dunklen Augen blicken freundlich auf die Kinder herab.

„Das ist Pompono, mein langjähriger Freund und Berater", sagt sie, „und der Junge hier neben ihm ist Jasun, mein lieber Neffe."

„Nico und Mia, ich freue mich euch kennen zu lernen und hoffe sehr, ihr fühlt euch wohl bei uns, solange ihr hier seid. Und lasst es mich wissen, wenn ihr irgendetwas braucht." Pompono streicht über seinen wuscheligen Bart, dabei zwinkert er fröhlich mit den Augen. Jasun dagegen steht steif da und starrt auf seine Schuhe.

„Jasun, mein Lieber, zeige unseren Gästen ihre Zimmer, und ich wünsche euch einen guten Schlaf." Nunja winkt lächelnd mit der Hand.

Oben im ersten Stockwerk weist Jasun schweigend auf zwei Zimmertüren, dreht sich dann wortlos um und verschwindet nach unten.

„Komischer Typ", meint Nico. „Der kann einem nicht in die Augen blicken."

„Vielleicht ist er nur schüchtern.“ Mia gähnt. Ihre Augen tränen vor Müdigkeit. „Ich hau mich jetzt aufs Ohr, gute Nacht, Nico.“
Im Zimmer steht ein bequemes Bett. Gegenüber befinden sich ein Tisch, zwei Stühle und ein Schrank, alles aus hellem Holz. Es sieht einfach, aber wohnlich aus, und aus einem großen Fenster kann Mia auf die Stadt und den Schlossplatz blicken. Die Straßen unten sind leer, doch um das Schloss herum spenden die Bogenlampen jetzt ein gedämpftes Licht.
Zu sehen ist niemand, die Stadt ruht, alle Fenster sind dunkel. Mia ist sich nicht sicher, ob sie diese Stille unheimlich oder beruhigend finden soll. Aber die Müdigkeit kommt jetzt mit solcher Macht, dass sie sich nur noch auf ihr Bett fallen lässt und sofort eingeschlafen ist.
Irgendwann, sie kann nicht sagen, wie lange sie schon gelegen hat, wird sie wach. Sie ist aufgeregt und unruhig und weiß nicht, warum. Mit klopfendem Herzen steht sie auf und schleicht nach nebenan zu Nico. Leise öffnet sie die Tür. Nico liegt auf dem Bauch und schläft.
Erst sanft, dann immer stärker rüttelt Mina ihn an der Schulter, bis Nico mit einem kleinen Schrei in die Höhe fährt. „Scheiße, Mia, was soll das?“
„Ich weiß auch nicht, irgendwas ist seltsam, ich kann es aber nicht erklären“, sagt Mia.
„Komm schon, bleib cool, hier passiert uns doch nichts. Wir können jetzt erst mal richtig ausschlafen.“
Nico reibt sich müde die Augen.

„Pst! Ich hör was." Mia sitzt stocksteif auf Nicos Bettrand. „Da, schon wieder, ganz leise Schritte. Da schleicht jemand rum, auf dem Flur."
„Nö, ich hör nix, aber ich schau mich mal draußen um." Auf leisen Füßen tapst Nico raus auf den Flur und lauscht nach links und nach rechts.
„Was...", will Mia fragen, da hält Nico warnend die Hand in die Höhe. Dann winkt er Mia, ihm zu folgen und schleicht den Flur entlang, bis er vor einer Tür stehen bleibt, die einen kleinen Spalt offen ist. Dahinter hört man Stimmen, gedämpft, aber doch verständlich: „Jetzt müssen wir handeln, wir werden nicht länger warten."
„Wieso gerade jetzt?", flüstert eine Stimme zurück.
„Denk doch mal nach, du Narr, wir können die ganze Schuld auf die Fremden schieben. Auf uns fällt nicht ein Körnchen eines Verdachts. Und dann können wir endlich alles..." Die weiteren Worte sind nicht mehr zu verstehen.
Jetzt denkt Mia nur noch an Rückzug. Die Angst sitzt ihr kalt im Nacken, und sie zieht Nico an der Hand in sein Zimmer zurück. Zitternd schließt sie die Tür. „Was war das eben, was denkst du, Nico?" Mia zittert immer noch vor Aufregung.
„Keine Ahnung, aber mit den Fremden sind sicher wir gemeint. Also, das hört sich nicht gut an." Nicos Gesicht hat alle Farbe verloren.
„Was sollen wir nur tun?" Mia schüttelt verzweifelt den Kopf.
„Wir müssen gleich morgen früh mit Nunja...."

„Still, sei still, Nico, hörst du es auch? Auf dem Flur schleicht wieder jemand rum!“
„Wir müssen nachsehen, was da los ist, komm.“ Er fasst nach Mias Hand und ganz leise öffnet er die Tür.
„Ich hab Angst“, wispert Mina und bleibt hinter Nico stehen.
„Irgendjemand ist nach unten gelaufen. Jetzt ist alles ruhig hier oben. Komm mit.“ Nico zieht Mia hinter sich her, die Treppe runter, durch die schwach erleuchtete Halle und hin zum Ausgang. „Die sind garantiert rausgelaufen. Wir schleichen ihnen ganz leise nach. Wir müssen wissen, was die planen.“
„Aber vorsichtig, versprich mir das“, flüstert Mia zurück.
Leicht gebückt, ohne ein Geräusch zu machen, Nico voran, schleichen sie Schritt für Schritt aus der großen Eingangstür und lauschen nach draußen.
„Kein Laut zu hören und niemand zu sehen. Bleib mal kurz hier stehen, Mia, ich will mal um die Ecke gucken.“
Mia sieht ihm nach. Es dauert eine Weile, dann ist Nico um die Hausecke verschwunden. Mia hält die Luft an vor Anspannung und wünscht sich sehnlichst, dass Nico bald wieder auftaucht.
Aber nichts passiert, sie wartet und wartet und Nico kommt nicht zurück. Noch eine Weile wartet sie, dann hält sie es nicht mehr aus, fasst all ihren Mut zusammen und schleicht zur Hausecke hin, dahin, wo sie Nico zuletzt gesehen hat. Vor Angst spürt

sie ihr Herz klopfen bis zum Hals. Kein Nico ist zu sehen, da ist niemand weit und breit. Vorsichtig, halblaut ruft sie ein paarmal seinen Namen, aber nichts passiert. Mia sucht den ganzen Schlossplatz ab, läuft einmal um das ganze Schloss herum und verspürt gar keine Angst mehr, so groß ist die Sorge um ihren Freund.

Den Tränen nahe, eilt sie zurück ins Schloss, die Treppe rauf und sieht sofort in ihren beiden Zimmern nach. „Ist ja Blödsinn, ihn hier zu suchen, Nico wäre nie ohne mich zurück ins Schloss gegangen. Was soll ich jetzt nur machen?“

Mia lässt sich auf ihr Bett sinken, stützt den Kopf in die Hände und fühlt sich so hilflos, wie noch nie in ihrem ganzen Leben. Da hört sie ein schwaches Klopfen an ihrer Tür. Ein freudiger Schreck durchfährt sie. Nico ist zurück!

Doch als sie öffnet, ist niemand zu sehen, nur ein kleines Fläschchen steht auf dem Boden, eingewickelt in ein weißes Papier. Mia löst das Papier von der Flasche und liest, was da geschrieben steht.

Die Buchstaben verschwimmen vor ihren Augen, ihre Hand zittert stark, so furchtbar ist die Mitteilung, die sie erhalten hat:

*Wir haben Nico in unserer Gewalt. Du schüttest zum nächsten Abendessen einige Tropfen in die Gläser von Nunja und ihrer Tochter. Sie werden am Tag darauf nicht mehr erwachen. Wenn du dich weigerst, das zu tun, oder wenn du Nunja etwas verrätst, wirst du deinen Freund nie wieder sehen.*

Mia lässt sich verzweifelt auf ihr Bett fallen und schlägt die Hände vors Gesicht. Dicke Tränen quellen zwischen den Fingern hervor und sie weint und weint so lange, bis sie vor Erschöpfung einschläft.
Als sie aufwacht, ist Leben im Schloss zu hören. Stimmen der Diener, Geschirrklappern und der Duft von Essen ziehen durch ihre Tür.
Trotz allem Kummer ist Mina hungrig. Mit wackeligen Beinen und schwerem Kopf steht sie auf und steigt unter die Dusche, die sich in der Nähe ihres Zimmers befindet. Ihre Augen sind gerötet und verquollen vom Weinen, also schüttet sie sich so viel Wasser ins Gesicht, bis ihre Haut von der Kälte spannt. So kann ich wenigstens zum Frühstück gehen, ohne dass Nunja merkt, dass etwas nicht stimmt, denkt Mina.
Aber ihr Kopf brummt, ihr ist übel im Magen und ihre Knie zittern vor Angst, was dieser Tag bringen mag: Wie kann sie Nico nur helfen und wie soll sie es schaffen, vor Nunja Theater zu spielen, um Nico nicht zu gefährden?
Mia weiß, auf gar keinen Fall wird sie der Königin und ihrer Tochter schaden. Aber sie muss Nico finden, dafür hat sie den ganzen Tag Zeit. Doch nur einen Tag, denkt Mia, und ihr wird heiß und kalt vor Angst.
Sie nimmt all ihren Mut zusammen, als sie am Esstisch sitzt und Nunja belügen muss. Nico, behauptet Mia, sei noch sehr müde, er hätte die ganze Nacht nicht geschlafen. „Soll ich mal nach deinem Freund

sehen? Kann ich etwas für ihn tun?" Nunja sieht besorgt aus.
„Nein, nein, er schläft jetzt tief und fest", wehrt Mia ab, aber sie schämt sich, dass sie die freundliche, fürsorgliche Nunja so belügen muss.
„Dann lasse ich für Nico das Frühstück auf einem Tablett richten. Das kannst du mit nach oben nehmen, wenn du fertig gegessen hast", sagt die Königin.
„Kann ich dich begleiten?" Ninja rutscht schon vom Stuhl. Mia hätte vor Schreck beinahe das Tablett fallen gelassen.
Zum Glück schüttelt Nunja den Kopf: „Nein, Liebes, du würdest den armen Nico nur aufwecken. Wir warten lieber, bis er ausgeschlafen zu uns kommt."
Mia bemüht sich, ein wenig Brot zu essen, obwohl ihr vor Sorge um Nico fast jeder Bissen im Hals stecken bleibt.
Linja blickt sie mit großen Augen aufmerksam an und fragt mit ihrer zarten Stimme: „Hast du denn auch schlecht geschlafen? Du siehst so blass aus und deine Hände zittern ja!"
Mia spürt jetzt auch Nunjas sorgenvollen Blick und möchte am liebsten im Boden versinken. „Nein, Linja, mir geht's gut, wirklich, ich bin nur auch noch ein wenig müde."
„Wenn ihr euch fit genug fühlt für einen Ausflug, lasst es mich wissen. Mein treuer Freund Pompono wird euch gerne die Stadt und seine Umgebung zeigen. Morgen dann hoffe ich, dass ihr genug Kraft für die lange Heimreise habt."

Mia dankt der Königin und kann kaum noch die Tränen zurückhalten. Schnell greift sie nach dem Tablett für Nico und huscht wie ein scheues Reh die Treppe hinauf.
In ihrem Zimmer lässt sie sich mutlos auf einen Stuhl fallen. Was soll sie nur tun? Sicher ist Gift in der Flasche! Sie würde es niemals fertigbringen, Nunja und Linja etwas Böses anzutun. Aber sie kann doch auch Nico nicht im Stich lassen!
Nunja ist erfreut, dass Mia die Stadt sehen will, bedauert aber sehr, dass Nico nicht dabei sein kann. „Aber wenn er noch Schlaf braucht, dann ist das auch in Ordnung", sagt sie leicht schmunzelnd.
Nunja ist so lieb und arglos, denkt Mia und fühlt sich wie eine Verräterin.
Der Ausflug mit Pompono und Jasun im Schlepptau wird für Mia zu einer harten Geduldsprobe. Sie durchstreifen die Stadt, laufen über Plätze und Brücken, gehen vorbei an unzähligen bunt bemalten Häusern und gepflegten Gärten. Sehr viele Bewohner winken der Gruppe freundlich zu und Mia winkt auch gern zurück, wobei ihr das Herz immer schwerer wird.
Sie hält ständig Ausschau nach einem Platz, an dem Nico sein könnte, in einem Verlies, in einem dunklen Keller oder in einem Turm, einer Hütte?
„Keller gibt es hier nur ganz wenige", antwortet Pompono auf ihre Frage und sieht Mia etwas verwundert an. Mia zieht die Schultern hoch: „Na ja, bei uns haben fast alle Häuser einen Keller."

Pompono nickt und sagt: „Ja, Mia, bei uns ist so vieles ganz anders als in deiner Welt. Wir haben uns hier unten so gut es geht eingerichtet. Wir haben ein friedliches Zusammenleben, keiner muss nachts seine Tür verschließen und alle Untertanen lieben und verehren ihre Königin."

Wenn Mia nicht in so einer schrecklichen Lage wäre, könnte sie die Führung mit Pompono richtig genießen. Er ist freundlich und beantwortet ihre Fragen geduldig. Ja, sie hat das Gefühl, auch er macht die Führung gern. Er ist richtig stolz auf das Reich, das hier entstanden ist.

Nur mit Jasun stimmt etwas nicht, denkt Mia, er sagt nicht viel und guckt meistens den Boden an. Er wirkt irgendwie bedrückt.

Gegen Mittag ist Mia zurück im Palast und wird von einer Dienerin empfangen. „Die Königin ist im Land unterwegs mit ihrer Tochter und einigen Ministern. Sie kommt erst heute Abend zurück. Aber für dich steht ein Essen bereit."

Mia schüttelt den Kopf und dankt. Sie will auf ihr Zimmer. Sie muss nachdenken und bald auf die Suche nach Nico gehen. Und zwar allein! Sie kann niemandem trauen, solange sie nicht weiß, wer Nico entführt hat. Auch wenn Pompono sich das wohl nicht vorstellen kann, irgendwo hier unten ist etwas Böses in Planung.

Im Zimmer angekommen, liest Mia nochmals, was auf dem Zettel steht. Sicher ist ein stark wirkendes Gift in der kleinen Flasche. Einige Tropfen genügen,

und Nunja und Linja werden nicht mehr aufwachen. Mina läuft ein Schauer über den Rücken.
Und dann wollen diese gemeinen Typen ihr und Nico die Schuld darangeben. Und was passiert dann? Es gibt nur eine Möglichkeit: Sie muss Nico finden und wenn nicht, dann muss sie Nunja alles erzählen, auch wenn sie riesengroße Angst um Nico hat.
Mia steht auf, sie muss jetzt los, jetzt sofort, sie darf keine Zeit verlieren. Vorsichtig, möglichst unauffällig, schleicht sie aus dem Palast, denn sie will auch von dem Dienern nicht gesehen werden.
Vor dem Portal bleibt sie unsicher stehen. Beim Anblick der Stadt, der vielen Straßen und Gässchen, muss sie gegen die Mutlosigkeit ankämpfen, die sie überfällt. Wo soll sie denn nur mit der Suche beginnen?
Mit der ersten Gasse links neben dem Palast macht sie schließlich den Anfang. Aufmerksam läuft sie an den Häusern entlang, sucht mit den Augen jeden Winkel ab, hält Ausschau nach verborgenen Türen, nach möglichen Verstecken. Soweit sie kann, durchsucht sie auch Höfe und Gärten und späht in die Fenster. Sie muss vorsichtig sein, damit niemand, der ihr begegnet, misstrauisch wird.
Jeder, den Mia trifft, nickt ihr freundlich zu, keiner hält sie auf, keiner spricht sie an. Vielleicht halten sie Abstand, weil Mia für sie so fremd, so andersartig ist? Einmal allerdings begegnet sie einer Gruppe Männer, die eng beisammenstehen und sie streng, ja, sogar

finster mustern, als sie an ihnen vorbei schleicht. Haben diese Männer vielleicht Nico entführt?
Als Mia zurückblickt, sieht sie zu ihrem Schreck, dass einer der Männer ihr folgt. Immer wieder dreht sie den Kopf nach hinten, doch nach einer Weile ist er plötzlich verschwunden.
Mia atmet erleichtert auf. Vielleicht hat sie sich nur eingebildet, dass er sie verfolgt. Sie darf jetzt auf keinen Fall die Nerven verlieren. Alles, was zählt, ist, Nico zu finden.
Stunden pirscht sie jetzt schon durch die Stadt. Ihre Füße und die Waden schmerzen, und langsam steigt Panik in ihr auf, doch sie wird nicht aufgeben. Gegen Abend, als sie schon Blasen an den Fersen hat und sich diese fremden blassen Wesen in ihre Häuser zurückziehen, fällt ihr erst auf, wie hungrig und durstig sie ist.
Ein schreckliches Gefühl der Verlassenheit überkommt Mia, in dieser fremden Welt ohne einen Freund, ohne Hilfe in ihrer großen Not. Langsam, mit hängendem Kopf kehrt sie zurück zum Palast.
In der großen Halle sitzen bereits Nunja, ihre Tochter und Jasun beim Abendessen. „Da bist du ja, meine Liebe“, Nunja zeigt auf einen Stuhl. „Setz dich, du bist sicher hungrig.“
Dann schüttelt Nunja verwundert den Kopf: „Wo ist denn nur Nico? Wir dachten, er kommt zum Abendessen?“
Mia presst die Hände unter dem Tisch fest zusammen und zieht die Schultern hoch. Sie fühlt sich

scheußlich, sie muss lügen, wie sie noch nie gelogen hat. „Nico hat Migräne. Ist nicht wirklich schlimm, das hat er manchmal und dauert nur einen Tag. Morgen geht's ihm wieder gut."
Sorgenfalten erscheinen auf Nunjas Stirn: „Das tut mir sehr leid. Kann ich denn irgendetwas für Nico tun?"
„Nein, vielen Dank." Mia starrt auf ihren Teller. „Er muss nur einen Tag liegen bleiben in einem dunklen Raum. Morgen früh ist er wieder putzmunter und topfit." Mia hofft nur, dass ihr Gesicht sie nicht verrät. Ihre Backen sind schon glühend heiß und sicher feuerrot.
Nunja jedoch ist arglos. Sie lässt Kuchen und Früchte für die Kinder bringen.
Mia nimmt die Schale in die Hände, bedankt sich. Dann verschwindet sie schnell nach oben.
Im Zimmer angekommen, weiß sie jetzt, was sie zu tun hat. Sie öffnet das Fenster, stellt den Stuhl davor und setzt sich darauf. Die Verschwörer waren hier im Palast gestern Nacht. Vielleicht zeigen sie sich auch heute Nacht.
Das Herumlaufen in der Stadt hat nichts gebracht. Darum wird Mia jetzt die ganze Nacht lang das Portal und den matt erleuchteten Platz vor dem Palast beobachten, auf jede Stimme, auf jedes Geräusch achten.
Viele Stunden vorher erwacht Nico in einem Kellerraum mit dickem Brummschädel. Er blinzelt in den schwachen Schein einer Tischlampe und blickt dann

an sich hinunter. Entsetzt stellt er fest, dass er gefesselt ist und außerdem steckt ein Knebel aus Stoff in seinem Mund.
Nur langsam weichen die Nebel aus seinem Kopf, sein getrübter Blick wird wieder klar. Er sitzt auf einem harten Stuhl und kann sich unmöglich selbst befreien. Was ist geschehen, warum ist er hier gefangen?
Angestrengt denkt Nico nach. Es ist draußen passiert, vor dem Palast, als er um eine Ecke bog. Dort bekam er einen Schlag auf den Kopf. An mehr kann er sich nicht erinnern.
Wie lange er jetzt schon auf diesem Stuhl sitzt, weiß er nicht, aber sein Rücken schmerzt, die Stricke an den Händen und Füßen schneiden in die Haut. Das Schlimmste aber ist die Angst, die ihm kalt über den Rücken läuft. Dazu kommt quälender Durst.
Tausend Gedanken gehen Nico durch den Kopf. Sicher hat seine Entführung mit den beiden Gestalten zu tun, die sie im Palast belauscht haben. Aber was wollen die von ihm? Und wo ist Mia? Was ist mit ihr passiert?
Zu seiner Angst kommt nun auch noch die Sorge um Mia, vervielfältigt durch die schreckliche Stille in seinem Verlies. Fast hofft er, dass endlich jemand auftaucht und wenigstens mit ihm spricht.
So gut er kann, sieht Nico sich in dem Raum um. Die Wände sind aus grob behauenem Stein, das einzige Fenster ist klein und hoch oben in der Wand. Auf einem Regal stehen aufgereiht viele Gläser und Flaschen.

Die Zeit vergeht so schrecklich langsam. Nicos Fußknöchel und Handgelenke sind bald wundgescheuert von seinen vergeblichen Versuchen, sich zu befreien. Und die Rückenschmerzen nehmen auch immer mehr zu.
An einen Schluck Wasser will Nico lieber gar nicht denken. Tapfer presst er die Tränen weg und bemüht sich, nicht völlig zu verzweifeln.
Mia muss sich furchtbar anstrengen, am Fenster nicht einzuschlafen. Sie trinkt immer mal einen Schluck und probiert von den Früchten auf dem Tablett, nur um beschäftigt zu sein, um wach zu bleiben. Draußen ist es still, alle schlafen schon um diese Zeit. Mia hält dennoch am Fenster aus, auch wenn tiefe Mutlosigkeit sie zwischendurch überfällt. Die Zeit läuft unerbittlich weiter; sie ist ihr Feind.
Was passiert mit Nico, wenn sie ihren Auftrag nicht ausführt? Wenn sie heute Nacht Nico nicht finden kann, muss sie noch vor dem Frühstück mit Nunja sprechen.
Mia überlegt, ob sie richtig handelt, wenn sie jetzt noch immer ohne Hilfe nach Nico sucht. Wenn sie doch mit ihren Sorgen nur nicht so allein wäre! Ihre Angst um Nico drückt sie so nieder, als hätte sie einen Sack voller Steine auf dem Rücken.
Inzwischen, schätzt Mia, ist schon die halbe Nacht vergangen. Ihre Augen brennen vor Müdigkeit. Da! Was ist da?
Mit einem Schlag ist Mia hellwach. Ein Klicken, es kam von dem Portal. Kurz darauf huscht eine

Gestalt die Treppe hinunter und läuft über den großen Platz.
Mia ist noch nie so gerast: Immer drei Stufen auf einmal die Treppe runter und schon steht sie schwer keuchend vor dem Portal. Gerade noch erkennt sie, wie die Person in einer Gasse verschwindet.
Mia fliegt fast über den Platz. Auf keinen Fall darf sie den Kerl aus den Augen verlieren. Ein paar Straßen läuft sie hinter ihm her, dann ist er plötzlich in einem Haus verschwunden.
Mia traut sich nicht hinterher zu gehen, schleicht jedoch über den kahlen Hof vor dem Haus und entdeckt an der Rückseite des Hauses ein kleines Kellerfenster, hinter dem ein schwacher Lichtschein zu sehen ist. Sie bückt sich und späht hinein.
Vor Schreck hätte Mia fast laut aufgeschrien. Sie sieht Nico, gefesselt an einen Stuhl, halb verdeckt von einer schwarzen Gestalt, die vor ihm steht.
Dieser Kerl macht sich nicht die Mühe, leise zu sprechen, so sicher fühlt der sich. Mia presst ihr Ohr an das Fenster und kann die Worte ganz gut verstehen: „Na, du Narr, dich hab ich ja ganz schön ausgetrickst. Ich musste dich nur aus dem Palast locken, dir dann eins über den Schädel ziehen, alles ein Kinderspiel. Jetzt bist du in meiner Gewalt hä, hä." Ein heiseres böses Lachen schüttelt die ganze Gestalt.
Mia kann Nicos Augen sehen, die vor Angst weit aufgerissen sind. Seine braunen Haare hängen ihm wirr in die blasse Stirn.

Mia entfährt ein Schluchzer und erschrocken hält sie sich die Hand vor den Mund. Doch niemand hat es gehört. Ihr Herz klopft vor Aufregung. Jetzt muss sie blitzschnell handeln! Sie muss Nunja in die ganze Geschichte einweihen. Jetzt ist ihre Chance gekommen!
Mit flatternden Haaren und ohne Rücksicht auf ihre wunden Füße läuft sie, so schnell sie kann, zurück zum Palast. Es ist still dort, alles schläft, doch oben im Flur schreit Mina aus vollem Hals nach der Königin.
„Willst du wohl still sein? Was ist das für ein Benehmen?“ Eine der Dienerinnen steht mit strengem Gesicht vor Mina. Doch Mia lässt sich nicht abhalten, sie schreit weiter nach Nunja.
Da geht am Ende des Flurs eine Tür auf und Nunja erscheint in einem nachtblauen Mantel. „Lass nur“, sagt sie zu ihrer Dienerin, „Mia hat sicher einen wichtigen Grund. Ich glaube, das sind Hilferufe.“
Endlich kann sich Mia der Königin anvertrauen. Aufgeregt und atemlos sprudeln die Worte aus ihrem Mund.
Auf Nunjas Gesicht zeigen sich während Mias Bericht die verschiedensten Gefühle. Anfangs leicht verständnislos, bald aber fassungslos, blickt die Königin am Ende der Geschichte sehr ernst.
Sanft fasst sie Mia am Arm und zieht sie mit sich in ihr Schlafgemach. Sie zeigt auf einen Sessel, in den Mia dankbar hineinfällt. Sie kann kaum noch auf ihren wackeligen Beinen stehen. Aber sie ist auch ein wenig erleichtert. Nunja wird wissen, was zu

tun ist. Wenn da nur nicht die Angst um Nico wäre!
„Rufe meine Leibgarde“, weist die Königin die Dienerin an. Dann öffnet sie eine Tür in ihrem Schrank und nimmt einen kleinen Spiegel in einem Goldrahmen heraus. Den steckt sie in ihre Manteltasche, ehe sie zusammen mit Mina schnellen Schrittes nach unten eilt.
Vor dem Portal stehen ordentlich in der Reihe zwanzig Soldaten mit blauem Helm, schwarzer Jacke und blauer Hose. Einige von ihnen erkennt Mina wieder. Sie ist ihnen am Nachmittag in der Stadt begegnet. Da fand sie die Männer eher unheimlich. Jetzt ist Mina froh, sie wiederzusehen.
Nunja legt den Arm um Mia: „Wir sind ein friedliches Volk, eigentlich erscheinen meine Soldaten nur zu Paraden und anderen Festen. Aber sie sind mutig und tapfer, und sie werden Nico befreien. Du musst uns nur noch den Weg zu dem Haus zeigen.“
Mit schnellen Schritten marschieren die Männer hinter ihrer Königin und Mia her. Vor einem grauen Haus, umgeben von einem kümmerlichen Vorgarten, bleibt Mia stehen. Nunja bewegt vorsichtig die Klinke, doch die schwere Holztür ist verschlossen. Auf ein Zeichen der Königin werfen sich drei Männer gegen die Tür. Krachend bricht sie aus den Angeln.
Sofort stürmen einige Soldaten die Kellertreppe hinunter, Nunja und Mia hinterher. Die nächste Tür fliegt ebenso schnell und mit Getöse aus dem Rahmen. Was für ein Anblick erwartet sie da!

Im Hintergrund presst sich eine vermummte Gestalt an die Wand. Vor ihnen im schwachen Lichtschein sitzt Nico blass und gekrümmt auf dem Stuhl, an den er schon so lange gefesselt ist. Seine Augen sind vor Schreck noch geweitet, doch dann erkennt er, dass er gerettet wird.
Ein kleines, klägliches Lächeln überzieht sein kummervolles Gesicht. Mia hat ihn gefunden, sie ist einfach super! Jetzt hat alle Qual ein Ende. Und er hatte schon kaum noch an Rettung geglaubt!
Alles geht nun sehr schnell. Nico wird von seinen Fesseln und dem Knebel befreit, und zwei Soldaten stürzen sich auf den vermummten Entführer.
Obwohl der sich wehrt, heftig mit den Armen fuchtelt, reißen ihm die Männer die schwarze Maske und Kapuze mit einem Ruck vom Kopf. Ein riesengroßer Schock macht alle im Raum sprachlos. Wie gelähmt stehen sie für einen Augenblick da. Vor ihnen steht Pompono, Nunjas bester Freund und Berater!
Die Königin gewinnt als Erste die Fassung wieder. Sie macht einen Schritt auf Pompono zu und schüttelt traurig den Kopf: „Wie konnte ich mich nur so in dir täuschen! Was ist der Grund für deinen bösen Plan? Warum nur, Pompono? Was hat dich so verdorben?“ Man kann die Trauer und Enttäuschung in Nunjas Stimme nicht überhören.
In der kurzen Stille, die nun folgt, kann man einen leisen Schluchzer aus einer dunklen Ecke vernehmen. Alle drehen ihre Köpfe, und da sitzt doch tat-

sächlich zusammengekauert ein kleiner Kerl, der sein Gesicht mit dem Armen bedeckt.
„Jasun, steh auf und komm zu mir. Wir reden nachher. Zuerst muss ich mich um den da kümmern." Nunja zeigt mit dem Kinn auf Pompono.
„Was also ist der Grund für deinen Verrat? Ich hoffe, du bist nicht zu feige, mir die Wahrheit zu sagen."
In Pomponos knochigem Gesicht flackern die dunklen Augen böse. „Ich habe mich mit einer finsteren Macht verbündet. Ihr diene ich und werde dafür ewig leben. Allerdings muss ich das Tageslicht und die Sonne meiden. Na ja, gute Nunja", sagt er höhnisch, „also hab ich dafür gesorgt, dass auch ihr mit mir ein Leben unter der Erdoberfläche führen müsst. Und da oben", er fährt mit dem Arm in die Höhe, „ist Winter, solange ich lebe, und wie du weißt, bin ich unsterblich." Hart und kalt klingt seine Stimme, so ganz anders jetzt als die des scheinbar so freundlichen, gütigen Pompono von früher.
Nunja steht mit hoch erhobenem Kopf vor ihm. Sie lässt sich nicht einschüchtern von Pomponos Geschwätz. „Und warum wolltest du meine Tochter und mich aus dem Weg räumen?"
Pompono zuckt gleichgültig mit den Schultern. „Ich will der Herr sein in diesem Reich und nicht dein Knecht."
„Und das", jetzt war Nunjas Stimme schneidend scharf, „wolltest du auch noch Mina und Nico anhängen, du elender, gewissenloser Schuft."

„Rede doch, was du willst. Meine Macht kannst du mir nicht nehmen. Ihr seid alle abhängig von mir, hä, hä hä“, krächzt es hässlich aus Pomponos Kehle. Ganz ruhig zieht Nunja den kleinen Spiegel aus der Tasche ihres Mantels. „Wirf mal einen kurzen Blick in den Spiegel“, fordert sie Pompono auf.
„Was willst du mit dem dämlichen Ding?“, fragt dieser und zieht eine verächtliche Grimasse.
„Du wirst darin dein wahres Gesicht entdecken.“ Nunja geht ein paar Schritte auf Pompono zu und hält den Spiegel hoch.
„Du kennst jetzt mein wahres Gesicht, verehrte Königin“, sagt Pompono höhnisch, wirft aber doch einen kurzen Blick in den Spiegel und da! Auf einmal passiert etwas Unglaubliches: Pompono stößt einen schrillen Schrei aus, dann schrumpft seine Gestalt in Blitzgeschwindigkeit, wird kleiner und immer kleiner, bis zuletzt eine glänzend schwarze Rabenkrähe zu Nunjas Füßen sitzt.
Aufgeregt schlägt der Vogel mit den Flügeln, krächzt mehrmals laut und hebt zuletzt vom Boden ab. Noch immer krächzend flattert er aus der zerborstenen Tür des schäbigen Hauses hinaus und nach draußen. Hoch über die Dächer der unterirdischen Stadt fliegt er zuletzt dem Ausgang zu, der über die hundert Treppen hinauf in die ewige Winterwelt führt. Bald ist nichts mehr von der Krähe zu sehen.
Nunja umarmt Mia und Nico herzlich: „Meinen Dank und den Dank meines Volkes kann ich gar

nicht mit Worten beschreiben. Mit eurer Hilfe, mit euren guten und mutigen Herzen, wurde der Feind entlarvt, und wir können schon bald unser altes Leben zurückhaben."
Langsam dreht sich Nunja zu Jasun um: „Mein lieber Neffe, hast du bei Pomponos bösem Plan mitgeholfen? Und wenn ja, warum nur?"
Jasun lässt den Kopf und die Schultern hängen. Er starrt, wie immer, auf seine Schuhspitzen. „Er braucht einen Gehilfen, hat er gesagt." Dann sieht er zu Nunja auf und in seinen Augen stehen Tränen. „Wenn ich ihm nicht gehorche, verwandelt er mich in einen Wurm. Und das hätte er ja auch gekonnt, nicht wahr?"
„Mein armer Junge." Nunja nimmt ihren Neffen in den Arm. „Wie schrecklich muss die Zeit mit Pompono für dich gewesen sein! Jetzt hat alle Angst ein Ende und wir können uns freuen, dass dieser Bösewicht keine Macht mehr hat. Eine neue gute Zeit bricht an!"
Nunja winkt den Kindern, ihr zu folgen. „Die restlichen Nachtstunden wollen wir noch schlafen und morgen, nach einem guten Frühstück, zeige ich unseren Gästen den Weg nach Hause."
Zurück im Palast schlafen Nico und Mia in ihren Betten vor Erschöpfung sofort ein. Sie haben sich sehr viel zu erzählen, aber das muss warten bis zum nächsten Morgen.
Nunja erwartet die beiden zum Frühstück. Nico und Mia haben großen Hunger und essen reichlich von

all den feinen Sachen auf dem Tisch. Die kleine Ninja aber tanzt und hüpft in einem hellblauen Kleidchen um den Tisch herum und singt: „Bald werde ich die Sonne sehen und den weiten blauen Himmel, über den kleine weiße Wolken ziehen. Ich werde die Blumenwiesen sehen, die im Sommerwind schaukeln und die Grillen singen hören."
Glücklich bleibt sie vor Mia und Nico stehen: „Das alles hat mir meine Mama versprochen." Ninja nickt mit ernstem Gesicht.
Mia ist so gerührt, dass sie die Kleine spontan umarmt und ihr einen Kuss auf die Wange drückt.
Nunja schmunzelt, dann greift sie in eine Schatulle, die vor ihr auf dem Tisch steht. „Mia und Nico, wir haben euch viel zu verdanken. Ihr habt uns so wunderbar geholfen. Wir alle werden euch nie vergessen."
In Nunjas Hand liegen jetzt zwei Silberkettchen mit je einem blauen Stern als Anhänger. „Behaltet sie immer bei euch, sie werden euch beschützen, euer ganzes Leben lang."
Nunja erhebt sich. „Jetzt aber solltet ihr euch auf den Weg nach Hause machen. Ninja und ich begleiten euch noch bis an die große Treppe, die in die obere Welt führt."
An beiden Seiten der Straßen, durch die sie laufen, stehen die Leute dicht gedrängt und winken ihnen mit frohen Gesichtern zum Abschied zu.
Am Fuß der langen Treppe sagt Nunja. „Jetzt müsst ihr allein weiter gehen. Ihr werdet sehr bald zu Hause sein. Alles Liebe für euch." Sie umarmt Mia

und Nico lächelnd, und doch sieht sie ein wenig traurig aus, wie auch die kleine Ninja.
Nico und Mia steigen die hundert Stufen hinauf. Es geht auf demselben Weg zurück, den sie gekommen sind. Zuletzt öffnet sich wie von Zauberhand die silbrige Tür, die nach draußen führt.
„Du meine Güte", entfährt es Mia, „hier hat sich aber nichts verändert."
Wir zuvor breitet sich die schneebedeckte Welt vor ihnen aus, die Bäume immer noch im Winterkleid, und darüber spannt sich derselbe undurchdringlich schwarze Himmel. Nur hinter der großen Bergkette in der Ferne ist der violette Streifen am Himmel ein wenig heller und breiter geworden.
„Ich will jetzt nix wie nach Hause", sagt Nico und stapft voran durch den Schnee.
„Ich ja auch", meint Mia, „aber der Abschied ist mir trotzdem nicht so leichtgefallen."
„Mir auch nicht", gesteht Nico. „Nunja und Linja sind total nett. Ich hoffe wirklich, dass sie jetzt ihr früheres Leben wieder bekommen."
Mit großen Schritten eilen sie fort, weiter und immer weiter durch den Wald, bis Nico auf einmal stehen bleibt. „Merkst du es auch, Mia? Von den Bäumen tropft es herunter. Ich glaube, es fängt an zu tauen!"
Mia jubelt: „Das ist ein gutes Zeichen, der Winter verschwindet zusammen mit dem bösen Zauber, juhu!"
Sie laufen noch eine Strecke durch den Wald und plötzlich ist sie da. Die Weidenglocke breitet ihre

Zweige vor ihnen aus. Mit einem dankbaren Seufzer schlüpfen beide unter das grüne Dach und fallen augenblicklich in einen tiefen Schlaf.
Nico erwacht von dem Brummen einer Fliege. Die Abendsonne dringt durch die Zweige, und der Duft von Heu steigt ihm in die Nase.
Jetzt setzt sich auch Mia auf und blinzelt in das Abendlicht.
„Ich hab einen ganz verrückten Traum gehabt“, sagt sie.
„He, das ist ja witzig, ich auch!“
„Erzähl“, fordert Mia ihn auf. Während Nico spricht, weiten sich Mia Augen vor Staunen.
Am Ende seiner Geschichte platzt Mia heraus: „Das gibt's doch nicht, ich hab genau den gleichen Traum gehabt!“
„Im Ernst, Mia, du spinnst doch.“ Nico lacht.
Mia fasst an ihren Hals: „Und was ist das?“ Sie zeigt Nico ihre Kette mit dem blauen Stern. Nico greift in die Tasche seiner Jeans und zieht seine identische Kette heraus.
Ernst und schweigend blicken die Kinder sich an.
„Ja“, meint Mia, „vielleicht sollte das unser Geheimnis bleiben.“
„Würde uns sowieso niemand glauben.“ Nico zieht die Schultern hoch.
Ein Ruf ertönt: „Nico und Mia, wo seid ihr denn? Es gibt Abendessen!“
„Das war meine Mama.“ Mia krabbelt aus der Weide.

„Na, endlich, da bist du ja, wir haben euch den ganzen Nachmittag nicht gesehen", sagt Mias Mutter, die mit besorgtem Gesicht auf der Terrasse steht.
„Und du, Nico, komm jetzt rüber, beeil dich, wir warten auch schon mit dem Essen auf dich", ruft Nicos Vater und bemüht sich, ein wenig streng zu schauen.
Mia und Nico sehen sich noch einmal lange und ernst in die Augen und sie wissen, dass sie beide das Gleiche denken: „Sie haben uns nicht vermisst. Wir waren wohl in einer anderen Zeit."

Bonnefemme de neige, Foto: Silvia Wilhelm

## Gaspard dans la forêt du Wilde Sasbach

*Dominique Bertrand*

Il fait beau ce matin d'hiver. Gaspard vient de se réveiller, le soleil à travers les vitres lui chatouille le visage. Il s'étire, saute de son lit, entend papa et maman préparer un bon petit-déjeuner.
« Bonjour, maman, bonjour, papa! »

«Bonjour, mon grand garçon. As-tu déjà regardé par la fenêtre ce matin? » demande papa.
Gaspard grimpe sur une chaise et regarde dehors. Un grand cri de joie, il saute de sa chaise, court dans la pièce, ne sait plus contenir son enthousiasme.
« Oh papa, vite, il faut qu'on sorte. Cela faisait tellement longtemps que je l'attendais ! »
«Tu vas devoir sortir tout seul, mon garçon. J'ai un travail à finir, mais je viendrai à ta rencontre dès que j'ai fini et nous pourrons jouons ensemble. »
« Oh maman, je suis trop content ! Je n'ai pas faim ce matin, je vais sortir tout de suite. »
« Gaspard», dit tendrement maman, rien ne presse. Tu profiteras d'autant mieux de ta journée avec un bon petit-déjeuner dans ton petit ventre. Regarde ! Je t'ai préparé une bonne tartine de beurre et de miel, un peu de fromage et une banane. »
« Oh oui maman ! Ça me donne envie. Mais après, je vais dehors. »
Gaspard boit son chocolat chaud en rêvant à cette magnifique journée qui s'annonce. Le soleil qui vient de se lever lui chatouille le visage. Sur la fenêtre, des cristaux blancs se sont formés : cela ressemble à de la dentelle.
Après s'être habillé chaudement, Gaspard est enfin prêt à sortir. Il ouvre la lourde porte d'entrée en bois, et est ébloui par la blancheur qui l'accueille: tout est recouvert d'un immense manteau de neige.
Papa s'est levé très tôt ce matin pour déblayer un peu de neige autour de la maison.

« Papa, je vais me promener au Wide Sasbach, tu viendras m'y rejoindre? »
« Oui, mon garçon, profite bien de ta journée. Belles découvertes à toi ! »
Gaspard avance avec précaution sur ce tapis blanc. Tout est si différent ce matin ! Même les bruits ne lui sont plus familiers. Il s'arrête de marcher, il écoute le silence.
Tout est feutré, adoucit, c'est comme si la neige avait mis les activités au repos forcé. Les voitures, qui d'habitude à cette heure-ci descendent dans la vallée, sont restées au garage.
Gaspard est heureux ! Il connait bien la forêt du Wilde Sasbach, et malgré la neige, il est certain de ne pas se perdre.
Il devine la *Straubenmühle,* en contre bas de la route. Le toit de chaume de ce vieux moulin, est lui aussi recouvert d'une épaisse couche de neige. L'immense roue ne tourne pas, elle est décorée de petites stalactites de glace.
Il se dirige vers la forêt, marche doucement. La neige est profonde, le chemin grimpe. Il est le premier ce matin à emprunter ce sentier, et chacun de ses pas
s'imprime sur le tapis blanc. Il se retourne fréquemment et admire ses traces. Quelle fierté d'être le premier à s'aventurer dans *sa* forêt !
Il arrive au premier pont et marque un temps d'arrêt. Son papa lui a appris que cette forêt est une forêt magique. Et pour percevoir cette magie, il est essen-

tiel de laisser son quotidien derrière soi pour être complètement présent.
Gaspard ferme les yeux, respire profondément plusieurs fois, écoute le silence. Il a l'impression que son papa est à côté de lui, respire avec lui.
Au Wilde Sasbach, il ne se sent jamais seul même quand il est seul.
Maintenant, il est prêt à traverser le pont et à découvrir ce que cette forêt magique lui fera comme surprise ce matin. Ses amis, seront-ils présents au rendez-vous ?
Il avance avec précaution sur le pont tout blanc. Il avance sans bruit dans la neige fraîche.
Gaspard connaît le nom de la plupart des arbres de cette forêt. C'est sa grand-mère qui les lui a appris. Gaspard aime se promener avec sa mamie dans cette forêt et d'écouter ses histoires.
Et surtout, elle connaît les habitants de cette forêt magique. Elle connaît leurs cachettes, leurs terrains de jeu, leurs lieux de rencontre.
Gaspard regarde le ciel. En hiver, il peut voir le ciel à travers les arbres, car toutes les feuilles sont tombées. Il reste un peu de vert sur le tronc des arbres. Ce sont les mousses et le lierre. Gaspard avance tranquillement, à la recherche de ses amis.
Il sait exactement où ils habitent, mais certains jours, ils sont d'humeur farceurs. Alors, ils jouent à cache-cache avec lui, lui laissant des indices sur le sentier. Il sait qu'il ne faut rien forcer, qu'il faut garder confiance.

Quand le temps sera venu, ses amis se montreront. Mais c'est la première fois qu'il va à leur rencontre un jour de neige. Quand sera-t 'il aujourd'hui ?
Gaspard arrive au deuxième pont. A sa gauche, se trouve un vieil arbre: sur son tronc, des excroissances ont poussé sur toute la hauteur.
Sa mamie lui a expliqué que ce sont des échelles pour ses amis. Ainsi, ils peuvent grimper le long des arbres et se cacher tout en haut, dans la cime des arbres. Ils peuvent admirer le ciel, et observer les humains quand ils se promènent dans la forêt du Wilde Sasbach.
Pour redescendre dans leurs maisons, ils utilisent les lianes: partout, le lierre a pris possession de la forêt et de grosses lianes de lierre toutes velues permettent à ses amis de se déplacer rapidement d'arbre en arbre.
Gaspard avance de plus en plus doucement: la neige est profonde ici, et il ne veut pas faire de bruit. Il s'approche de la maison de ses amis, les gnomes.
Et malgré toute cette neige, il reconnaît immédiate-ment l'arbre où se trouve leur maison. C'est après le deuxième pont, de l'autre côté de la rivière, dans un vieil aulne.
Sur le tronc est sculpté le visage du chef de la tribu des gnomes du Wilde Sasbach: de gros yeux, et surtout un énorme nez aplati, une grosse barbe.
Gaspard sourit: il aime cet arbre si familier, il s'avance mais pas trop pour ne pas déranger ses amis les gnomes.

Malgré l'épaisse couche de neige, il voit l'entrée de leur grotte: au pied de l'arbre, sous la sculpture, deux entrées entre les racines.
Les soirs d'été, quand il se promène ici avec sa mamie pour se rafraichir, il les voit souvent allongés au pied de leur arbre, à se prélasser dans la mousse et à écouter sa mamie chanter de douces mélodies. Lui aussi se couche dans les mousses, et il est heureux: la voix de sa mamie, la fraicheur de la forêt, la protection des gnomes près de lui.
Mais aujourd'hui, c'est différent avec toute cette neige, ce froid. Il écoute, ne bouge plus. Il entend le vent dans les arbres, tout en haut des cimes, et surtout le Wilde Sasbach qui inlassablement, coule vers la vallée.
A certains endroits, les pierres du ruisseau sont recouvertes de glace, des stalactites et des stalagmites se cachent dans les recoins plus calmes.
Comme il n'entend toujours pas ses amis les gnomes, Il décide de continuer sur le sentier. Il connait d'autres endroits où ils aiment à se rassembler, à se prélasser avec les autres habitants de la forêt.
Gaspard avance vers le troisième pont, le traverse, et un peu plus loin, il saute par-dessus le ruisseau en faisant bien attention à ne pas glisser. Avec toute cette neige, il est difficile de savoir où sont les berges du ruisseau.
D'autant qu'au printemps dernier, après la fonte des neiges, il avait glissé en voulant enjamber cet endroit. Il se souvient combien l'eau était froide et

que le chef de la tribu des gnomes du *Wilde Sasbach* avait bien ri en le voyant s'étaler de tout son long dans la boue. Et Gaspard aussi s'est mis à rire de tout son petit cœur! Car le rire des gnomes est extraordinaire: il a ce pouvoir magique de transformer la souffrance et le chagrin de ceux qui l'entendent.
Quand Gaspard est triste ou a du chagrin, il trouve toujours du réconfort auprès de ces petits êtres de la forêt.
Hop! Il saute. Réussi! Gaspard est fier de lui!
Puis, il pose son regard à droite du sentier et fait un coucou aux jumeaux. Il y a dans cette forêt magique du Wilde Sasbach, beaucoup de jumeaux. Ce sont deux arbres qui ont poussé ensemble à partir d'une même souche.
C'est comme son grand frère et sa grande sœur qui ont grandi ensemble dans le ventre de sa maman.
Une même souche, mais deux enfants différents, chacun pour soi, mais l'un peut toujours compter sur l'autre.
Il continue à avancer, et se repère maintenant aux points rouges qui sont peints sur les arbres.
C'est son papa qui lui a appris à retrouver ainsi son chemin. Et c'est bien pratique, car malgré la neige, les points rouges sont toujours bien visibles.
A sa droite, il reconnait les grandes racines de trois grands arbres qui ont été déracinés lors de la dernière tempête. Il a déjà vu ses amis les gnomes jouer dans ces racines, chahuter ensemble, se cacher, mais aujourd'hui, toujours rien ! Où sont-ils bien passés ?

Peut-être se cachent ils dans le vieux tronc sur la droite, dans un des nombreux trous creusés par les pics ? Car ici, les pics sont heureux ! Avec tout ce bois mort qui se décompose tranquillement, les insectes sont nombreux à s'installer, et ce sont autant de festins pour les pics et autres oiseaux de passage - et autant de cachettes pour ses amis les gnomes.
Il ne s'approche pas trop près de l'arbre mort, car Gaspard ne veut pas marcher sur tous les petits arbres qu'il a vu grandir l'été dernier. Il y a des bébés hêtres, des bébés sapins, des bébés aulnes, des bébés houx. Une vraie pépinière lui a expliqué son papa. Il faut les protéger et pour cela bien rester sur le sentier. Et Gaspard veut protéger les bébés.
C'est comme son petit frère Léandro qui est né cet été, tout fragile et qui a besoin de beaucoup de soins et d'attention pour grandir.
Gaspard continue sur le sentier, qui grimpe toujours et qui est toujours tout blanc de neige. Le ruisseau se divise en deux, pour se rejoindre plus bas.
Peut-être que les gnomes ont rejoint ses amis les elfes pour faire du toboggan géant ? Il arrive à la grosse pierre où la nature a sculpté un « grand huit ».
Que de souvenirs lui rappellent cet endroit ! Que de fous rires, de folles batailles, de courses poursuites entre ses amis les gnomes et les elfes ! Les gnomes qui glissent à toute allure car ils sont lourdauds, mais ratent les virages et font des vole-planés alors que les elfes toute légères tourbillonnent au-dessus des galeries.

Mais non, toujours personne ! Ni gnomes, ni elfes. Mais Gaspard garde espoir car il sait qu'ils sont là. Il sent leur présence, leur chaleur, leur protection.
Il avance encore, se repère toujours aux points rouges. Il sait que bientôt il va arriver à la clairière. Et une clairière dans la forêt du *Wilde Sasbach* ne peut être que magique !
Aujourd'hui elle est magnifique avec son épais manteau blanc, elle parait encore plus grande que d'habitude.
Au printemps, les herbes sont toutes petites et Gaspard aime courir à cet endroit. Parfois, il y voit les gnomes et les elfes danser ensemble, ou alors ils sont couchés dans les herbes pour faire une petite somme. Alors Gaspard se couche à leurs côtés, et fait toujours des rêves merveilleux.
En été, la clairière est remplie de fougères, des fougères à perte de vue. Ce sont autant de parasols pour les gnomes qui peuvent ainsi se protéger du soleil brûlant.
En automne, les fougères se colorent de toutes les couleurs, et c'est un festival pour les yeux.
Mais ce sont les soirs de pleine lune où l'animation est la plus grande dans la clairière du Wilde Sasbach. Gaspard y est venue avec sa mamie une nuit d'été.
C'était le 21 juin dernier, lors du solstice d'été. Il était déjà très tard, car ce jour-là, la nuit est la plus courte de l'année. Mais comme Gaspard n'avait pas école le lendemain, maman et papa étaient d'accord.

Gaspard et sa mamie se sont installés près de la clairière, sur la mousse toute douce. Mamie avait emmené une couverture, de la bonne tisane avec de la verveine et de la mélisse du jardin, un peu de miel de Sasbachwalden. Et ils ont attendu que la pénombre vienne les envelopper.
Gaspard était un peu fatigué car il avait passé beaucoup de temps à la piscine avec ses amis du village. Ses yeux avaient du mal à rester ouverts. Soudain, il entend des bruissements de pas, puis des petites voix ! Sa fatigue disparait d'un coup.
Il voit une multitude de gnomes rejoindre la clairière, ils venaient de partout. Il y a ses amis les gnomes du
*Wilde Sasbach* qu'il connait bien, mais il y en avait beaucoup d'autres qu'il n'avait jamais vu. Ils sortaient de chaque coin de la forêt pour se rassembler sur la clairière. Et au-dessus de tous ces gnomes, virevoltaient des centaines d'elfes.
Quel spectacle, Gaspard en oublierait presque de res-pirer !
Il voit le chef des gnomes du *Wilde Sasbach* s'installer sur son trône : une souche d'arbre au début de la clairière recouvert d'un épais tapis de mousse. Les gnomes font silence.
Le chef des gnomes prend la parole : « Soyez les bienvenus, petit peuple de la Terre. Merci d'être comme chaque année fidèle à notre rendez-vous annuel. Vous connaissez le thème de la soirée, c'est le même chaque année : Comment pouvons-nous

aider nos amis les Humains à protéger la belle Terre que nous nous partageons ? »
Les idées s'enchainent, les gnomes et les elfes échangent, palabrent, rient, dansent. Il y a de la magie cette nuit dans la clairière du *Wilde Sasbach*.
Et malheureusement ou heureusement peut-être, Gaspard ne se souvient absolument plus de ce que les gnomes et les elfes ont décidé.
Gaspard continue à avancer : Il traverse le quatrième pont. Il voit le mirador des chasseurs sur sa droite, au milieu des sapins blancs. Oui, ils sont blancs parce qu'ils sont couverts de neige, mais c'est aussi leur nom, même en été quand ils sont tout verts, on les appelle des sapins blancs. Gaspard sait faire la différence entre les « vrais » sapins et les épicéas.
Sa mamie lui a appris à les reconnaitre en les caressant : le sapin blanc ne pique pas quand Gaspard le caresse, ses aiguilles sont plates alors que l'épicéa a beaucoup d'aiguilles tout autour de la branche qui piquent. Et pour être sûr, il suffit d'ouvrir les yeux et de regarder les « pommes de pin » : ceux du sapin blanc montent vers le ciel et ceux de l'épicéa pendent vers le sol. Fastoche !
Gaspard était perdu dans ses pensées quand il arrive au petit banc où d'habitude il prend son goûter, bien au frais sous les sapins, à écouter le *Wilde Sasbach* qui dévale dans la vallée, à regarder tout le chemin parcouru.
Mais aujourd'hui, sa surprise est grande ! Ils sont tous là !

Quel spectacle ! Quelle fête ! Quel bonheur !
Le chef des gnomes du *Wilde Sasbach* accueille Gaspard et lui montre le trône où il est invité à s'assoir.
Le petit peuple de la Terre lui a construit un trône à sa taille, sculpté dans la neige, avec des feuilles mortes et de la mousse sur le siège afin qu'il puisse s'assoir confortablement.
En face de lui, une sculpture de la reine des Elfes : majestueuse, solidement ancrée dans le sol et en même temps aérienne et libre.
Le chef des gnomes du *Wilde Sasbach* prend la parole: « Bienvenu Gaspard dans notre royaume. Tu as été élu par le petit peuple de la Terre pour être notre ambassadeur auprès des humains de Sasbachwalden. Nous, les gnomes et les elfes du Wilde Sasbach, seront toujours avec toi pour te soutenir dans cette noble mission. Car tu auras grand besoin de notre aide. La tâche n'est pas facile, mais elle est belle, elle est gran-de, elle est importante, elle est essentielle pour la vie. Tu es le gardien de la Terre de Sasbachwalden. Tu n'as pas grand-chose à faire, juste à écouter ton cœur et à agir avec confiance dans ce qu'il te dit. Cultive ton émerveillement, et partage-le. Que ton visage soit illuminé par le sourire du cœur, et que ce sourire se démultiplie sur chaque humain que tu rencontreras. Que chacun de tes actes soient un phare pour autrui. »
Il est tout ému : « Que chacun de tes actes soit un phare pour autrui. » Il ressent de la chaleur au plus

profond de lui. Son visage irradie cette lumière, il est heureux.
Gaspard reste assis sur son trône de neige, rempli d'une joie intense. Le temps n'a plus aucune importance.
Le soleil commence à décliner, les couleurs hivernales illuminent la forêt du Wilde Sasbach. Orange, rouge, un festival.
Gaspard est toujours assis sur son trône quand il entend son papa qui remonte le sentier. Il a emmené sa veille luge en bois.
Il se lève doucement, et se jette dans les bras de son papa adoré. Leur accolade est intense, Gaspard sait qu'il est aimé et que ces bras seront toujours un refuge pour lui.
Il se réjouit de dévaler la pente du *Sauwedel* en luge. Que de frissons en perspective !
Il n'y a rien à faire, lui a dit le chef des gnomes du Wilde Sasbach, juste à être…dans l'amour et le partage.

**Anhang**

# Über die Autorinnen und Autoren

**Dominique Bertrand**
stammt aus dem Elsass und lebt seit 2014 in Sasbachwalden. Der „Wilde Sasbach“ ist für sie ein magischer Wald. Mit ihrer märchenhaften Tagträumerei eines kleinen Jungen, der zum Rodeln im Wald loszieht und unterwegs überall den Zwergen und Elfen zu begegnen meint, von denen ihm die Großmutter erzählt hat, möchte die Autorin etwas von der Magie des „Wilden Sasbach“ vermitteln. Man kann anhand dieser Geschichte den Weg erlaufen und dabei die Dinge erkennen, die Gaspard sieht, und eventuell auch seine Gefühle miterleben.

**Christa Maria Buß**
lebt in Südbaden und schreibt seit 2010 Kurzgeschichten, Gedichte und Erzählungen sowie Fantasy-Romane im Gilgamensch-Verlag. 2015 gewann sie einen Sonderpreis bei einem Schreibwettbewerb des österreichischen Metatronverlags. Sie ist Mitglied im AutorenNetzwerk Ortenau-Elsass®.

Mehr Informationen unter:
www.autorennetzwerk-ortenau.de
→ Wir auf einen Blick → Christa Maria Buß

**Regina de Rossi**
arbeitet als freie Journalistin und sagt von sich, sie schreibe seit Kindheit an. Sasbachwalden ist für sie ein besonderer Ort, den sie beruflich seit 1985 durch ihre erste Arbeitsstelle in der damaligen Kurklinik für Privatpatienten, dem „Haus Brandbach", kennt und schätzt. Während ihrer dortigen 12-jährigen Berufstätigkeit unternahm sie viele Ausflüge und Wanderungen mit den Kurgästen.

**Brigitte Gutmann**
ist pensionierte Realschulpädagogin für Deutsch, Musik und Französisch und arbeitet als freie Journalistin für die regionale Tagespresse sowie als Autorin. Sie veröffentlicht Kinderbücher, Gedichte und Kurzgeschichten und wurde mehrfach ausgezeichnet (z.B. Silberpreis des Prix Sylvie Reff und Conrad Winter Dichtungspreis des elsässischen Summerlied-Festivals). Sie ist Mitglied im Autoren-Netzwerk Ortenau-Elsass®.

Mehr Informationen unter:
www.autorennetzwerk-ortenau.de
→ Wir auf einen Blick → Brigitte Gutmann

**Ursula Haß**
Ursula Haß schreibt Detektivgeschichten für Kinder, Kriminalromane mit Regionalbezug und historische Berichte über ihre Heimatstadt Offenburg. Ehemals Pressesprecherin bei der Messe Offenburg, ist sie auch als freie Journalistin gefragt. 2016 veröf-

fentlichte sie den ersten Band ihrer Krimi-Serie rund um den Schwarzwälder Kommissar Kirsch. Die Autorin ist Mitglied im AutorenNetzwerk Ortenau-Elsass®. In Fessenbach, am Winzerkeller 5, betreibt sie ein Garagen-Buchlädele, in dem sie an jedem ersten Mittwoch im Monat zu Autorengesprächen und Bucheinkauf einlädt.

Mehr Informationen unter:
www.autorennetzwerk-ortenau.de
→ Wir auf einen Blick → Ursula Haß

**Karin Jäckel**

Karin Jäckel ist promovierte Kunsthistorikerin und Germanistin, Autorin, Journalistin und Verlegerin in Oberkirch. Sie arbeitet für zahlreiche renommierte Verlage. 2013 gründete sie das seitdem von ihr geleitete AutorenNetzwerk Ortenau-Elsass®, mit dessen Mitgliedern sie grenzübergreifende Autorenlesungen und Liedermacherabende veranstaltet sowie Anthologien wie zum Beispiel das „Corona Decamerone“ veröffentlicht.

Mehr Informationen unter:
www.editionblauestunde.com , www.karin-jaeckel.de
und www.autorennetzwerk-ortenau.de

**Ruth Kirmaier**

Ruth Kirmaier verbrachte ihre Kindheit am Chiemsee. Nach einem Kunststudium in München lebte und arbeitete sie dort. Ende 1987 zog sie mit ihrer Familie nach Sasbachwalden und veröffentlichte mehrere

Romane beim BOD-Verlag und Aquensis-Verlag, Baden-Baden.

**Kim Patricia Laubner**

in München geboren und aufgewachsen, ist Fotografin in Sasbachwalden und Freiburg. Sie veröffentlicht ihre Bilder gedruckt, in Ausstellungen und dem Internet. Im Februar 2021 gewann sie mit dem Titelbild des vorliegenden Buches den von der Gemeinde Sasbachwalden ausgeschriebenen Fotowettbewerb „Mein schönstes Winterfoto“. Als Autorin veröffentlicht sie im vorliegenden Werk gemeinsam mit Dagmar Vogel.

Mehr Informationen unter:
www.kim-patricia-laubner.com

**Raimund Müller**

Raimund Müller ist Autor und Wetterfahnenmacher in Rheinau-Holzhausen. Überregional bekannt, fertigt er kreative Windanzeiger in handwerklicher Perfektion. Scherenschnitt-Bilder einiger seiner Werke kann man entlang des Sasbachwaldener Kunstwegs Weinsüden betrachten. Als Autor schreibt er Kurzgeschichten, Erzählungen und gesellschaftskritische Romane. Sein bekanntestes Werk „Tankred de Bayeux“ trägt autobiographische Züge. Der Autor ist Mitglied im AutorenNetzwerk Ortenau-Elsass®.

Mehr Informationen unter:
www.autorennetzwerk-ortenau.de
→ Wir auf einen Blick → Raimund Müller

**Bettina Mutschler**

1968 am Bodensee geboren, ist von Beruf Biologisch Technische Assistentin, systemische Beraterin und tiergestützter Coach und Autorin von Fachbüchern. Sie leitet die Hundeschule TAPS und arbeitet als Hundeerziehungsberaterin sowie als Fachkraft für tiergestützte Therapie mit Eseln und/oder Hunden. Seit 2014 lebt sie in Sasbachwalden, wo sie ihren Traum verwirklicht, in wunderschöner Umgebung das „Ani.Motion“ (gemeinsam mit Dr. Rainer Wohlfahrt) zu leiten, ein Institut für tiergestützte Therapie.

Mehr Informationen unter:
www.wohlfarth-mutschler.de und
www.animotion-institut.de/institut/

**Tanja Petermann**

Tanja Petermann, 1986 geboren, ist Fachwirtin im Bankwesen und studierte Germanistik/Lehramt. Schon während des Studiums veröffentlichte sie unter dem Herausgeber Björn Rothstein einen Artikel über die Sprachgeschichte im Deutschunterricht: „Der Bedeutungswandel von Wörtern“. Durch ihre beiden kleinen Söhne inspiriert, entstand die fantasievolle Kurzgeschichte „Das goldene Drachenei“. Sie lebt mit ihrem Mann und ihren zwei Söhnen in Sasbachwalden.

**Mia Schell**

ist die siebenjährige Geschichtenerzählerin der in diesem Buch abgedruckten Traumgeschichte „Mias

Schneeabenteuer“ Sie ist das älteste Enkelkind von Hans und Sigrid Schmelzle und wohnt mit ihrer Familie in Fautenbach. Oft besucht sie die Großeltern auf der Brandmatt. Schnee, Eiszapfen und das Brigittenschloss liebt Mia besonders. Die Vorstellung, wie es früher auf dem Brigittenschloss einmal war, beflügelt ihre Fantasie. Deshalb hat sie sich eine Schneegeschichte vom Brigittenschloss ausgedacht und mit Unterstützung ihrer Oma Sigrid Schmelzle zu Papier gebracht.

**Sigrid Schmelzle**
ist verheiratet, hat drei Kinder und fünf Enkelkinder. Sie wohnt in Sasbachwalden-Brandmatt auf dem Bauernhof, dem ehemaligen Schlosshof unterhalb der Ruine des Brigittenschlosses. Sie ist gelernte Fleischereifachverkäuferin und Hauswirtschafterin. In ihrer Freizeit fährt sie Mountainbike oder gärtnert in ihrem Garten. Auch fotografiert, kocht und liest sie gern. Oft widmet sie sich ihren Enkelkindern. Sie ist die Verfasserin der Traumgeschichte „Mias Schneeabenteuer“, die sie gemeinsam mit ihrer siebenjährigen Enkelin Mia Schell entwickelt und nach dem Diktat des Kindes niedergeschrieben hat.

**Dagmar Vogel**
lebt mit Mann und Hunden in Berlin und bezeichnet sich selbst als „Hobby-Kreative“. Im vorliegenden Werk schreibt sie gemeinsam mit Kim Patricia Laubner.

# Die Fotografinnen und Fotografen

**Linus Decker**
*Feli im Schnee* S. 38
Dritter Preis des Sasbachwaldener Fotowett bewerbs 2021
„Mein schönstes Winterfoto"

**Louisa Höll**
*Blick auf Kirche und Rathaus in Sasbachwalden* S. 73

**Luisa Huber**
*Schneeweg am Gleitschirmfliegerplatz*
*an der Zuflucht* S. 92

**Roland Jehle**
*Blick von den Weinbergen über Sasbachwalden* S. 157

**Axel Jost**
*Magische Lichtmomente am Schliffkopf* S. 97

**Walter Kehler**
*Schneepflug* S. 65

**Thomas Keller, Phocus**
*Porträtfoto von Bürgermeisterin* S. 1

**Yannick Kohler**
*Eis auf dem Mummelsee* S. 24

Blick von den Weinbergen über Sasabachwalden,
Foto: Roland Jehle

**Ferienregion Sasbachwalden**

*Sasbachwalden, die Schwarzwaldschöne*
*im Rebland-Gewand*
*bezaubernd//genussvoll*

Im Norden des Schwarzwaldes befindet sich das kleine, aber feine Sasbachwalden, von Einheimischen liebevoll „Saschwalle“ genannt. Hier verteilen sich auf insgesamt 1.819 ha Gemarkungsfläche ca. 2600 Einwohner.
Eine natürliche Vielfalt zeichnet Sasbachwalden aus. Wundervolle Obstbaumwiesen, Weinberge, Wälder,

Höhen und ringsum herrliche Aussichten verwöhnen alle Sinne zu jeder Jahreszeit.
So farbenprächtiger wie vielfältiger Blumenschmuck im denkmalgeschützten Fachwerkortskern erfreut während der wärmeren Jahreszeit in üppiger Blüte das Auge. Im Winter wetteifern die Fenster und Hausgiebel ringsum mit Lichterschmuck und anderen Dekorationen.
Der traditionsbewusste Charme des heimeligen und doch weltoffenen Dorfes ist ein Magnet für Touristen aus Nah und Fern.
Genuss, Fachwerk und Wandern sind die Top-Themen in Sasbachwalden und schaffen ein breites Angebot für Jung und Alt.
Vielseitig und abwechslungsreich bietet Sasbachwalden kulinarische Feste und Events im Sommer, im Oktober das traditionelle Erntedank- und Weinfest, im Winter vom Wandern bis zum Wintersport, was das Herz begehrt, sowie kulturelle Veranstaltungen der Spitzenklasse das ganze Jahr hindurch.
Für Erholung ist stets bestens gesorgt. Das gänzlich industriefreie Dorf mit seinem zauberhaft verträumten Ambiente und dennoch höchstem Komfort verfügt über wissenschaftlich nachgewiesene hervorragende Klimaeigenschaften und eine zu allen Jahreszeiten exzellente Luftreinheit.
Unter dem Stichwort „Heilklimatisches Wandern" lässt sich diese Besonderheit auf verschiedenen Wanderwegen erleben.

Das breitgefächerte Wanderwegnetz in Sasbachwalden führt an so manchen Highlights vorbei. So sind die Gaishöllwasserfälle (13 Brücken und 225 Stufen), die Burgruine Brigittenschloss, die privaten Weingüter, die Winzergenossenschaft oder die Friedenskapelle St. Katharina mit ihren reizvollen Buntglasfenstern zu jeder Jahreszeit einen Besuch wert.
Nicht minder verlockend bietet sich der erst 2021 eröffnete Kunstweg „Weinsüden“ durch die Rebhänge „Auf der Eck“ mit seinen 32 Kunstobjekten an, deren große Tafelbilder mit den Aussichten der umgebenden Landschaft konkurrieren.
Ergänzend lädt auch der denkmalgeschützte Fachwerkortskern zu kleinen Spaziergängen ein. So bieten die blumengeschmückten Fachwerkhäuser im Sommer, ebenso im Winter die schmückende Giebelbeleuchtung an den Häusern einzigartige Kulissen, um entlang der Straßen zu flanieren.
Bike-Spaß und Familienerlebnisse gehören ebenfalls zum Repertoire in Sasbachwalden. Ein Wildtiergehege, eine Minigolfanlage, ein großzügiges Freibad mit sensationeller Rutsche, ein Pumptrack wie auch viele Spielplätze im Dorf bieten Spaß für die ganze Familie. Ergänzt wird das familienfreundliche Angebot im Ort durch einen Rätselwanderweg – „Annis Schwarzwald Geheimnis“ – und einen kleinen Kinderwanderweg – Der wilde Sasbach „Über Stock und Stein“. Und wer Lust hat, kann sogar im Weinfass schlafen.
Am köstlichsten kann man einen ereignisreichen und spannenden Tag bei einem der vielen Gastrono-

men ausklingen lassen. Von der Gourmetküche bis hin zur Vesperstube überzeugt ein breites Angebot an vielfältigen Speisen. Die Regionalität der Küche, kredenzt mit typisch badischer Gastlichkeit, und der gewachsene Bezug der verwendeten Zutaten zum Ort werden hierbei von den Gästen besonders geschätzt.
Neben traumhaften Panoramen und natürlicher Vielfalt findet man in Sasbachwalden gelebte Tradition, Geschichte und Genuss.

Weitere Informationen, Fotos, Karten und mehr findet man im Internet unter www.sasbachwalden.de